Dicionário
MACHISTA

CB124107

Salma Ferraz

Dicionário MACHISTA

Três mil anos de frases cretinas contra as mulheres

Jardim Dos Livros

Copyright © 2013 by Salma Ferraz

1ª edição — Abril de 2013

Grafia atualizada segundo o Acordo Ortográfico da Língua Portuguesa de 1990, que entrou em vigor no Brasil em 2009.

Editor e Publisher
Luiz Fernando Emediato (LICENCIADO)

Diretora Editorial
Fernanda Emediato

Editor
Paulo Schmidt

Produtora Editorial e Gráfica
Erika Neves

Ilustração de capa
Osvaldo Pavanelli

Capa, Projeto Gráfico
Alan Maia

Diagramação
Kauan Sales

Revisão
Rinaldo Milesi

DADOS INTERNACIONAIS DE CATALOGAÇÃO NA PUBLICAÇÃO (CIP)
(Câmara Brasileira do Livro, SP, Brasil)

Dicionário machista : três mil anos de frases cretinas contra as mulheres / Salma Ferraz [organizadora]. -- 1. ed. -- São Paulo : Jardim dos Livros, 2013.

ISBN 978-85-63420-36-7

1. Citações 2. Livro de frases 3. Machismo I. Título.

13-03913 CDD: 808.882

Índices para catálogo sistemático

1. Machismo : Frase e citações : Coletâneas : Literatura 808.882

EMEDIATO EDITORES LTDA
Rua Major Quedinho, 111 — 20 andar
CEP: 01050-904 — São Paulo — SP

DEPARTAMENTO EDITORIAL E COMERCIAL
Rua Gomes Freire, 225 — Lapa
CEP: 05075-010 — São Paulo — SP
Telefax.: (+ 55 11) 3256-4444
Email: jardimdoslivros@geracaoeditorial.com.br
twitter: @jardimdoslivros

Impresso no Brasil
Printed in Brazil

A burca e a bunda

Sim, nós, homens, temos que nos tornar mulheres, cultivar em nós o que há de feminino para amar completamente, como deve ser.

GEORGES DUBY, historiador francês

Não cabe aqui um estudo das causas do machismo, a mais primitiva e enraizada tradição da sociedade patriarcal, tanto no Ocidente quanto no Oriente. Se no âmbito individual podemos falar em seríssimos recalques sexuais e desvios psicossociais, no coletivo alude-se a fatores culturais, religiosos, socioeconômicos; mas talvez a chave para a resolução desse complexo enigma esteja contida numa palavrinha de quatro letras: "medo". Medo do sexo feminino, que transparece e de certa forma é resumido pela frase do escritor inglês Samuel Johnson: "A Natureza deu tanto poder à mulher que a lei não pode se dar ao luxo de atribuir-lhe ainda mais poder".

O medo injustificado torna-se ridículo e provoca o riso, mas também perplexidade, diante da constatação de que preconceitos tão arcaicos e bárbaros são expressos, muitas vezes, por alguns dos melhores cérebros de todas as épocas. E pior: que as próprias mulheres, não raro, são as mais empedernidas machistas.

O machismo feminino também tem origem no medo, mas é um medo diferente do masculino, mais ligado a um conservadorismo crônico que, supostamente, asseguraria a perpetuação do núcleo familiar, mas que, na verdade, perpetua apenas a servidão feminina. Essa sabotagem que muitas mulheres praticam contra si mesmas se dá também quando algumas delas, de grande exposição na mídia, tornam pública a sua burrice, fornecendo aos homens machistas munição para seus ataques à inteligência feminina, como pode ser visto no verbete "Modelo".

Algumas frases deste livro são brincadeiras bem-humoradas, como a de Angeli sobre orgasmo, porém outras, como as do israelense Martin van Creveld, devem causar preocupação, por serem insanidades veiculadas recentemente por um formador de opinião com farta visibilidade nos meios de comunicação, e tais pontos de vista sempre ocasionaram os mais hediondos abusos e indignidades contra o sexo feminino. Ainda se mata em nome da honra no Brasil, e pelo mundo inteiro, a cada minuto, mulheres têm seus direitos mais elementares pisoteados, sendo elas mesmas molestadas, espancadas, violentadas.

O grande ícone contemporâneo da opressão feminina, o véu e a burca, que as mulheres são forçadas a envergar em alguns países muçulmanos, têm a finalidade, segundo a escritora egípcia Aafaf Assaid, de tornar a mulher um ser marginal e resignado, seu uso demonstrando a submissão intelectual e corporal da mulher na sociedade islâmica. Isso sem mencionar a verdadeira barbárie da circuncisão feminina, praticada em certas regiões da África sob o pretexto de que, se uma jovem não for assim mutilada, o clitóris dela cresce descontroladamente, os seus desejos não podem ser controlados, o seu marido morre, o filho dela nasce deficiente e a parteira fica cega.

Mas, dentre as muitas cabeças da hidra da misoginia, existe uma de fala mais mansa, porém de desdobramentos igualmente nefastos. No Brasil, o machismo, tanto quanto o racismo, é "cordial", ou seja, caracteriza-se por uma espécie de condescendência para com o objeto desprezado, diferente da declarada aversão à mulher que se verifica nos países de cultura puritana.

Neste nosso país de belas praias, sol intenso e alta voltagem erótica, as partes do corpo da mulher, em vez de recalcadamente escondidas, como entre os maometanos, são expostas desbragadamente, num processo de "bundarização" ou "siliconização" geral, cantadas em versos e composições venéreos, e suas donas elevadas a musas, garotas de Ipanema, "popozudas" etc.*

O que se esquece é que alguns dos piores machistas são precisamente os que dizem amar apaixonadamente o sexo feminino, aqueles que, com seu discurso baboso e galanteador, enaltecem as meras qualidades sensuais e voluptuosas das mulheres, reduzindo-as a objetos de prazer, a

* Na década de 80, as rainhas do Bumbum ainda tinham nome; hoje, as "mulheres frutas" são identificadas por apelidos que aludem ao formato do seu *derrière*: Mulher Moranguinho, Mulher Melão, Mulher Pera, Mulher Maçã.

corpos gostosos, vazios de alma, inteligência e vontade, portanto dóceis, submissos e passivos.

Um dos melhores exemplos desse "machismo cordial" é o poema "Receita de mulher", de Vinicius de Moraes, suposta declaração de amor às mulheres que, além de enaltecer somente as belas ("as muito feias que me perdoem, mas beleza é fundamental"), ainda estabelece um padrão de beleza inatingível para a esmagadora maioria da população feminina.

Ocultação e superexposição do corpo da fêmea, a burca e a bunda: duas faces da moeda corrente do machismo terceiro-mundista.

Salma Ferraz

A

Açoite

A mulher que se recusa a realizar qualquer trabalho que é obrigada a fazer, pode ser forçada a fazê-lo, inclusive açoitada com uma vara.

MAIMÔNIDES, *MISHNÊ TORÁ*

Vais ver mulheres? Não esqueças o açoite.

NIETZSCHE, *ASSIM FALOU ZARATUSTRA*

Perdeu a graça a garota
Agora no fim da noite
Gemendo e gritando, louca
Debaixo do meu açoite.

T-REX

Acróstico

M = Mal de males
U = (usado como V) Vaidade das vaidades
L = Luxúria de luxúrias
I = Ira das iras
E = Erínia das erínias
R = Ruína dos reinos

DE UM ANTIGO MANUAL DE CONFESSORES

Adulação

A mulher se empenha totalmente em usar palavras aduladoras e toda espécie de máscaras, como os atores no palco; depois, quando fascinou os olhos e aprisionou as orelhas, isto é, quando enganou os sentidos que são como subalternos, ela desencaminha a inteligência soberana.

FÍLON DE ALEXANDRIA, *APOLOGIA DOS JUDEUS*

Pela adulação é que se alcançam as mulheres, bem como se as perde, tal como acontece com os reis.

MACHADO DE ASSIS, *QUEDA QUE AS MULHERES TÊM PARA OS TOLOS*

Adultério

Sendo a mulher natural e organicamente monógama e frígida, explicam-se as leis contra o adultério, que se aplicam somente à mulher e não ao homem [...]. De fato, o que para o homem não constitui sequer uma contravenção, para a mulher é um crime gravíssimo.

G. LOMBROSO E G. FERRERO, *A MULHER CRIMINOSA E A PROSTITUÍDA*

Certas mulheres amam tanto seus maridos que, para não gastá-los, usam os de suas amigas.

ALEXANDRE DUMAS FILHO

Além de casar, o que a mulher mais gosta é de ser enganada de vez em quando.

JANE AUSTEN

Maridos são bons amantes quando estão traindo as esposas.

MARILYN MONROE

Os saxões enforcavam a mulher adúltera e a queimavam. Os egípcios cortavam-lhe o nariz. Os romanos, graças à lei Júlia, cortavam-lhe a cabeça. Hoje, na França, quando uma mulher é flagrada cometendo adultério, zomba-se do marido dela.

ALPHONSE KARR, *UNE POIGNÉE DE VÉRITÉS*

Há um tipo especial de mulher que gosta de trair, não só pelo prazer de trair, mas pelo prazer maior de depois confessar, pelo prazer maior do sofrimento infligido, pelo prazer enorme de sofrer a retaliação.

MILLÔR FERNANDES, *A BÍBLIA DO CAOS*

O homem casado, se não transar com as amigas da mulher, vai transar com quem?

EDUARDO MASCARENHAS

O primeiro mandamento da mulher adúltera católica: amarás teu próximo como o precedente.

PHILIPPE BOUVARD, *UN OURSIN DANS LE CAVIAR*

Um homem pode ter dois, talvez três casos durante o casamento. Mais do que isso é sacanagem.

YVES MONTAND

Meu melhor amigo fugiu com minha mulher. E quer saber? Sinto falta dele.

HENNY YOUNGMAN

Alma

Um grande filósofo situou a alma, a nossa, bem-entendido, na glândula pineal. Se eu atribuísse uma às mulheres, sei muito bem onde a situaria.

DENIS DIDEROT, *LES BIJOUX INDISCRETS*

De que vos queixais, afinal, minhas senhoras, se vos reconhecemos que possuís uma alma, e sabeis que muitos filósofos puseram isto em dúvida?

NAPOLEÃO I

A mulher não sabe separar a alma do corpo.

BAUDELAIRE, *MON COEUR MIS À NU*

Amante

Uma amante pode ser tão incômoda quanto uma esposa, quando se tem só uma.

LORD BYRON

Livrar-se de uma velha amante é prazer quase tão grande quanto adquirir uma nova.

WILLIAM WYCHERLEY, *A MULHER DO CAMPO*

Quanto mais se ama a uma amante, mais se está perto de odiá-la.

LA ROCHEFOUCAULD, *REFLEXÕES*

Sempre achei muito mais perigoso dar em cima da amante de alguém do que da mulher desse alguém.

HAROLD ROBBINS

As amantes nunca pensam que vão ser abandonadas. E, no entanto, para isto foram feitas.

MÁRIO DA SILVA BRITO

Amélia

Ai, meu Deus, que saudades de Amélia!
Aquilo sim é que era mulher.
Às vezes passava fome ao meu lado

E achava bonito não ter o que comer.
E quando me via contrariado, dizia: "Meu filho, o que se há de fazer?".
Amélia não tinha a menor vaidade.
Amélia que era mulher de verdade!

ATAULFO ALVES E MÁRIO LAGO, "AI! QUE SAUDADES DE AMÉLIA"

Amizade

Agrupai homens, eles se escutarão; agrupai mulheres, elas se espreitarão.

MADAME DE MAINTENON, *CORRESPONDÊNCIA*

Existe um vínculo secreto entre as mulheres: elas se apoiam como sacerdotes de uma mesma religião, odeiam-se, mas protegem-se.

MARQUESA DE LAMBERT, *RÉFLEXIONS SUR L'AMOUR*

Duas mulheres raramente se tornam íntimas, exceto às custas de uma terceira pessoa.

JONATHAN SWIFT

A intimidade entre as mulheres é sempre ao contrário: começa com a troca de grandes revelações e termina com a troca de abobrinhas.

ELIZABETH BOWEN

A amizade entre duas mulheres significa apenas uma suspensão temporária de hostilidades.

ANTOINE DE RIVAROL

Amor

A mulher ou ama ou odeia; não há outra alternativa.

PUBLÍLIO SIRO, *SENTENÇAS*

É condição natural das mulheres desdenhar a quem as quer e amar a quem lhes tem aversão.

MIGUEL DE CERVANTES, *DOM QUIXOTE*

O amor é finalmente
um embaraço de pernas,
uma união de barrigas,
um breve temor de artérias.
Uma confusão de bocas
uma batalha de veias,
um rebuliço de ancas,
quem diz outra coisa, é besta.

GREGÓRIO DE MATOS, *ANTOLOGIA POÉTICA*

O amor é a história da vida de uma mulher, e um mero episódio na vida de um homem.

MADAME DE STAËL

O amor é apenas um truque sujo em que a natureza nos faz cair para assegurar a continuação da espécie.

W. SOMERSET MAUGHAM

Como as mulheres nada sabem fazer exceto amar, dão a isto uma ridícula importância.

IDEM

O amor é a ilusão de que uma mulher é diferente das outras.

H. L. MENCKEN, *O LIVRO DOS INSULTOS*

Quando uma mulher deixa de amar um homem esquece até que deu pra ele.

MILLÔR FERNANDES, *A BÍBLIA DO CAOS*

Amo as mulheres, mas não as admiro.

CHARLES CHAPLIN, NO FILME *MONSIEUR VERDOUX*

Andrógino

Se a mulher passar da condição passiva à condição ativa, integral e radicalmente, ela abdica ao seu sexo e torna-se homem, ou antes, como uma tal transformação é fisicamente impossível, ela chega à afirmação por uma dupla negação, e se coloca fora dos dois sexos, como um andrógino estéril e monstruoso.

ELIFAS LEVI, *HISTÓRIA DA MAGIA*

A exigência de uma mulher por emancipação e sua qualificação para tal são diretamente proporcionais à quantidade de masculinidade que existe nela. [...] Emancipação, como pretendo discutir, não é o desejo por uma igualdade exterior com o homem, e sim, o que é de real importância na questão feminina, o arraigado anseio de adquirir o caráter do homem, de atingir sua liberdade mental e moral, de alcançar seus interesses reais e seu poder criativo. Afirmo que o verdadeiro elemento feminino não tem nem o desejo nem a capacidade de emancipação nesse sentido. Todas as que lutam por sua real emancipação, todas as mulheres que são realmente famosas e de notável habilidade mental, revelam ao primeiro olhar de um entendido algumas características anatômicas do macho, alguma semelhança corporal externa a um homem. As chamadas "mulheres" que têm despertado admiração, no passado e no presente, pelos defensores dos direitos das mulheres, como exemplos do que a mulher é capaz de fazer, têm sido quase invariavelmente o que eu descrevi como formas sexualmente intermediárias.

OTTO WEININGER, *SEXO E CARÁTER*

Animal

Embora seja a mulher um animal inepto e estúpido, não deixa contudo de ser mais alegre e suave, e, vivendo familiarmente com o homem, saberá temperar com sua loucura o humor áspero e triste deste.

ERASMO DE ROTERDÃ, *ELOGIO DA LOUCURA*

A mulher é um animal doméstico apto para arrumar a casa, fazer a comida e servir o chá.

GEORGE SAND

Arte

As mulheres em geral não apreciam arte alguma, não as conhecem e não têm talento nenhum.

ROUSSEAU

Mas que melhor se pode esperar da parte das mulheres, se refletirmos que no mundo inteiro esse sexo não pôde produzir um único espírito verdadeiramente grande, nem uma obra completa e original nas belas artes, nem, fosse no que fosse, uma única obra de valor durável?

SCHOPENHAUER, *ENSAIO SOBRE AS MULHERES*

A grande maioria das pintoras carece totalmente de imaginação criativa e não consegue ir além de uma técnica mediana: flores, naturezas mortas, retratos. É bem raro encontrar um talento verdadeiro, e nesse caso outros caráteres traem habitualmente também o hermafrodismo intelectual.

DR. P. J. MOEBIUS, *DA DEBILIDADE MENTAL FISIOLÓGICA NA MULHER*

A grande maioria das mulheres nunca teve particular interesse por arte ou ciência, e considera tais ocupações apenas como ramos mais elevados de trabalho manual, ou, se professa certo apreço por tais assuntos, é sobretudo como um meio de atrair uma determinada pessoa ou grupo de pessoas do sexo oposto.

OTTO WEININGER, *SEXO E CARÁTER*

O feminismo, que tanto se gaba, não descobriu uma única pintora ou escultora para acrescentar ao cânone. Reviveu, de fato, as reputações de várias mulheres de pequeno valor, como Frida Kahlo ou Romaine Brooks. Mary Cassatt, Georgia O'Keeffe e Helen Frankenthaler já eram conhecidas e não precisavam ser redescobertas. Artemisia Gentileschi era apenas uma pintora competente e polida num estilo Barroco criado por homens.

CAMILLE PAGLIA, *VAMPS AND TRAMPS*

Árvore

Oxalá todas as árvores produzissem tais frutos.

DIÓGENES, O CÍNICO, AO VER UMA MULHER ENFORCADA NUMA ÁRVORE

Assassinato

Casos em que o marido pode matar sua mulher, conforme o rigor da justiça paterna: 1º) adultério, 2º) impudicícia, 3º) traição, 4º) bebedeira e devassidão, 5º) dilapidação e roubo, 6º) insubmissão obstinada, imperiosa e desdenhosa. [...] O homem, esposo, tem o direito de justiça sobre sua mulher; a mulher não tem o direito de justiça sobre o marido. Essa reciprocidade é incompatível com a subordinação matrimonial. [...] É uma vergonha para nossa sociedade, um sinal de decadência, que a mulher possa exigir o divórcio por incompatibilidade de temperamento ou violências do marido. Não importa quanto ódio deste, imoralidade, incapacidade, vícios grandes e sem motivo, a mulher que se queixa deve ser considerada culpada e mandada de volta aos seus afazeres domésticos. [...] O marido tem direito ao repúdio *ad libitum*. [...] Se o homem recebeu a superioridade da inteligência sobre a mulher, é para usá-la. Inteligência e caráter obrigam. Se ele recebeu a superioridade da força, é também para exercer, por meio dela, os direitos. Força tem direito, força obriga.

PIERRE-JOSEPH PROUDHON, *A PORNOCRACIA OU AS MULHERES NOS TEMPOS MODERNOS*

Há tempos eu fiz um ranchinho / Pra minha cabocla morar / Pois era ali nosso ninho / Bem longe desse lugar / No alto lá da montanha / Perto da luz do luar / Vivi um ano feliz / Sem nunca isso esperar / E muito tempo passou / Pensando em ser tão feliz / Mas a Tereza, dotô / Felicidade não quis / Pus meus sonhos nesse olhar / Paguei caro meu amor / Por mordi de outro caboclo / Meu rancho ela abandonou / Senti meu sangue ferver / Jurei a Tereza matar / O meu alazão arriei / E ela fui procurar / Agora já me vinguei / É esse o fim de um amor / Essa cabocla eu matei / É a minha história dotô.

RAUL TORRES E JOÃO PACÍFICO, "CABOCLA TEREZA"

Atenas

Mirem-se no exemplo daquelas mulheres de Atenas
Vivem pros seu maridos, orgulho e raça de Atenas [...]
Quando fustigadas não choram,
Se ajoelham, pedem, imploram
Mais duras penas,
Cadenas [...]
Elas não têm gosto ou vontade,
Nem defeito nem qualidade,
Têm medo apenas.

CHICO BUARQUE E AUGUSTO BOAL, "MULHERES DE ATENAS"

A orientação masculina da Atenas clássica era inseparável do seu gênio. Atenas tornou-se grande não a despeito de, mas por causa de sua misoginia.

CAMILLE PAGLIA, *SEXUAL PERSONAE*

Atrizes

Façam igual, caros companheiros de banquete, e entendam o seu Aristóteles corretamente agora! Ele observa, com muita propriedade, que a mulher não pode ser utilizada em tragédia. E com certeza sua esfera adequada é o patético e a diversão, a farsa de meia hora, não o drama de cinco atos.

KIERKEGAARD, *O BANQUETE*

É mais fácil ser atriz do que ser ator. As mulheres representam muito mais na vida real.

SÉRGIO BRITTO

B

Bater (em mulher)

Aquelas mulheres de quem temeis a rebelião, exortai-as, bani-as de vossa cama e batei nelas. Se vos obedecerem, não mais as molesteis. Deus é elevado e grande.

ALCORÃO

E dissemos-lhe: "Toma na mão um feixe de vergastas e bate na tua mulher e não violes tua promessa".

IDEM

Quando chegares em casa, bate em tua mulher; ela sempre saberá por quê.

PROVÉRBIO ÁRABE

O maior castigo que eu te dou
É não te bater, pois sei que gostas de apanhar.
Não há ninguém mais calmo do que eu sou
Nem há maior prazer do que te ver me provocar.

NOEL ROSA, "O MAIOR CASTIGO QUE EU TE DOU"

Todos os gregos batem em suas mulheres. Quem bate bem, ama bem.

ARISTÓTELES ONASSIS

Não digo que toda mulher goste de apanhar; só as normais.

NELSON RODRIGUES

As mulheres são muito simples. Nunca conheci uma que não entendesse um tapa na boca.

HUMPHREY BOGART

Se te bota maluquinha,
Um tapinha eu vou te dar
Porque / Dói, um tapinha não dói
Um tapinha não dói
Só um tapinha.

MC BETH, "TAPINHA"

Beijo

As mulheres ainda se lembram do primeiro beijo mesmo quando os homens já se esqueceram do último.

RÉMY DE GOURMONT

Quando duas mulheres trocam beijinhos, isto sempre me lembra os cumprimentos trocados por dois boxeadores antes da luta.

H. L. MENCKEN, *O LIVRO DOS INSULTOS*

Os garotos odeiam beijar, são as meninas que começam esse negócio.

GORE VIDAL

Beleza

Uma bela mulher é o paraíso dos olhos, o inferno da alma e o purgatório da bolsa.

FONTENELLE

A beleza de uma mulher não é um presente feito ao homem; é apenas um suborno.

ANÔNIMO

A vida é dura. Os homens não gostarão de você se você não for bonita — e as mulheres não gostarão de você se você *for*.

AGATHA CHRISTIE, CITADO POR RUY CASTRO EM *O AMOR DE MAU HUMOR*

Uma mulher nunca é tão bela quanto já foi.

MILLÔR FERNANDES

Belo sexo

A mulher é o mais belo defeito da Natureza.

ISAAC NEWTON

Existem dois sexos: o belo e o bom.

DECOLY, *IMPERTINENCES ET AUTRES PENSÉES*

Foi necessário que a inteligência do homem se achasse obscurecida pelo amor para que chamasse belo a esse sexo de pequena estatura, ombros estreitos, ancas largas e pernas curtas; toda a sua beleza de fato reside no instinto do amor.

SCHOPENHAUER, *ENSAIO SOBRE AS MULHERES*

As mulheres são um sexo puramente decorativo. Elas nunca têm nada a dizer, mas o dizem de forma encantadora.

OSCAR WILDE, *O RETRATO DE DORIAN GRAY*

Bíblia

Quando brigarem dois homens, um contra o outro, e a mulher de um chegar para livrar o marido da mão do que o fere, e ela estender a mão e o pegar pelas suas vergonhas, cortar-lhe-ás a mão: não terás piedade dela.

DEUTERONÔMIO

O homem, nascido da mulher (...). Quem do imundo tirará o puro? Ninguém.

JÓ

Boca

Uma boca feminina gostosa não precisa de argumentos.

MILLÔR FERNANDES

Bondade

É preferível a maldade do homem à bondade da mulher.

ECLESIÁSTICO

As mulheres verdadeiramente boas não existem às dúzias, como todos sabem.

MONTAIGNE, *ENSAIOS*

É preciso uma mulher muito boa para fazer uma coisa muito burra.

OSCAR WILDE

Bruxaria

Se duas mulheres se sentarem numa encruzilhada, em lados opostos, e olharem uma para a outra, são certamente bruxas.

TALMUDE

Poderíamos ainda acrescentar outras razões, mas já nos parece suficientemente claro que não admira ser maior o número de mulheres contaminadas pela heresia da bruxaria. E por esse motivo convém referir-se a tal heresia culposa como a heresia das bruxas e não a dos magos, dado ser maior o contingente de mulheres que se entregam a essa prática. E abençoado seja o Altíssimo, Que até agora tem preservado o sexo masculino de crime tão hediondo: como Ele veio ao mundo e sofreu por nós, deu-nos, a nós homens, esse privilégio.

HEINRICH KRAMER E JAMES SPRENGER, *MALLEUS MALEFICARUM*

Buda

— Mestre, como devemos nos conduzir com relação às mulheres?
— Evitar vê-las, Ananda.
— Mas, se as virmos, que devemos fazer?
— Não falar com elas, Ananda.
— Mas, se elas falarem conosco, Mestre, que devemos fazer?
— Ficar alerta, Ananda.

SUTTA-PITAKA

Da mesma forma, Ananda, que casas em que há muitas mulheres e poucos homens são facilmente assaltadas por ladrões, da mesma forma, Ananda, sob qualquer doutrina e disciplina em que se permita às mulheres abraçarem a vida religiosa, essa religião não durará muito tempo. E da mesma forma, Ananda, que o arrozal em boas condições que é acometido pela doença chamada míldio, não dura muito tempo, da mesma forma, Ananda, sob qualquer doutrina e disciplina em que se permita às mulheres abraçarem a vida religiosa, essa religião não durará muito tempo.

VINAYA-PITAKA

Bunda

Uma mulher mostra mais prontamente a sua bunda do que o seu coração.

BALZAC, *PENSAMENTOS, ASSUNTOS, FRAGMENTOS*

Você reclama que a bunda das mulheres é "monótona". Há um remédio bem simples para isso: não se servir dela.

FLAUBERT, *CARTA A GUY DE MAUPASSANT*

As mulheres gostam de bunda de homem porque fica perto da carteira.

EUGÊNIO MOHALLEM, CITADO POR ROBERTO DUALIBI, *DUALIBI DAS CITAÇÕES*

Quando eu morrer, quero ser velada de bruços, para que as pessoas me reconheçam.

RITA CADILLAC, CITADO POR ROBERTO DUALIBI, *DUALIBI DAS CITAÇÕES*

O glúteo é muito importante para a formação do nosso caráter.

CLÁUDIA RAIA, *VEJA, 26/12/2001*

Burrice

Pouquíssimas são as mulheres capazes de abrigar dois conceitos ao mesmo tempo.

WOODY ALLEN

A burrice muitas vezes é um ornamento da beleza.

BAUDELAIRE, *CHOIX DE MAXIMES CONSOLANTES SUR L'AMOUR*

Mulher é um bicho burro pra caramba, e faz do homem o que quer. Vocês já pensaram se ela fosse inteligente?

PÁRA-CHOQUE DE CAMINHÃO

C

Cabelo

O cabelo da mulher é um símbolo da sua sujeição, o do homem não é. Portanto, não é apropriado para uma mulher cortar o seu cabelo ao fazer penitência, como é para o homem.

SÃO TOMÁS DE AQUINO, *SUMA TEOLÓGICA*

Cafajeste

Todos os cafajestes que conheci na minha vida eram uns anjos de pessoas.

LEILA DINIZ

Os homens mais paquerados pelas mulheres são o cafajeste e a bicha.

CHICO ANYSIO

Café

A mulher só possui muito raramente a faculdade de poder fixar sua atenção sobre um dado objeto. [...] Daí essa incapacidade tão comum na mulher, por exemplo: ela não consegue aprender a fazer café bem feito, coisa que, no entanto, requer apenas atenção, exatidão e noção de tempo.

AUGUST STRINDBERG, *DA INFERIORIDADE DA MULHER*

Caligrafia

Pessoas que dão às suas letras grandes corpos e pouco além disso vivem para o presente. Elas se deleitam com fofoca e gostam de se entrosar socialmente. Não estão muito interessadas em ganhar dinheiro. Mulheres tendem a escrever assim.

JANE PATERSON, *KNOW YOURSELF THROUGH YOUR HANDWRITING*

Cama

A cama do celibatário é a mais confortável.

CÍCERO

O profeta disse: "Quando um homem chama a sua mulher para a cama e ela não vai, o marido fica a noite toda zangado com ela, e os anjos amaldiçoam-na até o amanhecer. Aquele que está no céu fica descontente com ela até que o marido fique contente com ela".

HADITH MUSLIM

As feministas que me perdoem — a mulher sempre foi mais forte na cama do que na barricada. Se é que a cama não é a mais eficiente barricada.

MILLÔR FERNANDES, *A BÍBLIA DO CAOS*

Capricho

Os caprichos da espécie feminina não se limitam a uma única região do mundo nem a um único clima, mas são os mesmos em todos os lugares.

JONATHAN SWIFT, *VIAGENS DE GULLIVER*

Cara-metade

Foi no início do meu casamento, quando começaram a chegar os primeiros extratos de cartão de crédito, que atinei com o verdadeiro sentido da expressão cara-metade.

CIRO PELLICANO, *A ÚLTIMA COISA QUE EU PRETENDO FAZER NA VIDA É MORRER*

Casamento

Se uma mulher tem um marido como o quer seu coração, tem-no por toda a vida; se uma mulher tem um marido contra seu coração, tem-no por toda a vida.

LIVRO CHINÊS DAS LEIS DO SEXO

A mulher, para ser bem casada, se o seu marido está triste deve mostrar-se triste; e se ele está alegre, ainda que ela não esteja, há de se mostrar alegre.

SANTA TERESA DE JESUS, *CAMINHO DA PERFEIÇÃO*

Se te casares, dou-te esta praga como dote: embora casta como gelo, e pura como a neve, não escaparás à calúnia. Vai para um convento, vai! Adeus. Ou, se deves mesmo casar, casa-te com um imbecil; pois os espertos sabem muito bem em que monstros vocês os transformam. Para um convento, vai, depressa!

SHAKESPEARE, *HAMLET*

Vós não haveis de falar
Com homem, nem mulher que seja;
Nem somente ir à igreja
Não vos quero eu deixar.
Já vos preguei as janelas
Porque não vos ponhais nelas;
Estareis aqui encerrada,
Nesta casa tão fechada,
Como freira de Oudivelas.

GIL VICENTE, *FARSA DE INÊS PEREIRA*

O fardo do casamento é tão pesado que são necessários dois para carregá-lo, às vezes três.

ALEXANDRE DUMAS

Eu e minha mulher vivemos felizes vinte e cinco anos. Depois nós nos encontramos.

SACHA GUITRY

Todas as mulheres deveriam se casar um dia. Os homens, nunca.

BENJAMIN DISRAELI, *LOTÁRIO*

Cabe à mulher casar-se quanto antes e ao homem ficar solteiro o mais tempo que pode.

BERNARD SHAW, *HOMEM E SUPER-HOMEM*

O casamento é o meio de vida mais comum para as mulheres, e a quantidade de sexo indesejado que elas suportam deve ser maior do que na prostituição.

BERTRAND RUSSELL

O segundo casamento é o triunfo da esperança sobre a experiência.

SAMUEL JOHNSON

Se os homens soubessem como as mulheres passam o tempo quando estão sozinhas, não casariam nunca.

O. HENRY, *MEMÓRIAS DE UM CÃO AMARELO*

Só dois tipos de pessoas querem se casar atualmente: bichas e padres.

PLÍNIO MARCOS

Quando um homem casa, ou trai sua natureza ou trai sua mulher.

GUIME DAVIDSON

Um homem pode casar-se com uma mulher que lhe seja inferior e ela se elevará; mas um homem que se casa com uma mulher superior a ele, rebaixa-se.

JACINTO BENAVENTE, *AL FIN, MUJER*

É fundamental, e às vezes até maravilhoso, a gente possuir uma esposa. Sobretudo quando não é casado.

MILLÔR FERNANDES, *A BÍBLIA DO CAOS*

Castidade

Só é casta a mulher que ninguém deseja.

OVÍDIO, *A ARTE DE AMAR*

São estes os que não se macularam com mulheres, porque são castos.

APOCALIPSE

Não nego que se encontram mulheres santas entre as esposas, mas só quando deixam de ser parceiras, quando imitam a castidade virginal.

SÃO JERÔNIMO

Dizem que foi uma freira que inventou o arame farpado.

JAMES JOYCE, *ULISSES*

De todas as perversões sexuais, a castidade é a mais perigosa.

BERNARD SHAW, *ADVERTÊNCIA SOBRE CASAMENTO*

Castração

A mulher castra o homem e o transforma em cordeiro.

JACK NICHOLSON

Cavalo

Mulheres são como cavalos. É preciso conversar e fazer um pouco de carinho antes de passar-lhe o bridão.

ANDRÉ MAUROIS

A nossas mulheres, a nossos cavalos, e àqueles que lhes montam!

JACQUES CHIRAC, FAZENDO SEU BRINDE FAVORITO

Celibato

Com efeito, nenhum dos essênios toma esposa, pois a mulher é egoísta, excessivamente ciumenta, hábil em distorcer os costumes do marido e em seduzi-lo por sortilégios incessantes.

FÍLON DE ALEXANDRIA, *APOLOGIA DOS JUDEUS*

Quem é mais livre: o celibatário que vive numa ditadura, ou o homem casado que vive numa democracia?

GEORGES ELGOZY, *L'ESPRIT DES MOTS OU L'ANTIDICTIONAIRE*

Cérebro

O cérebro de uma mulher apresenta menos circunvoluções que o do homem, e no dela a massa cinzenta é mais leve que no do homem; ao contrário, seus nervos são mais fortes, como nas crianças. Daí sua faculdade de poder suportar mais facilmente certas dores físicas, nisso assemelhando-se ao selvagem, o que também prova que ela possui um sistema nervoso mais grosseiro.

AUGUST STRINDBERG, *DA INFERIORIDADE DA MULHER*

Seja bela, doce donzela, e deixe o resto comigo. Se é necessário um cérebro, tenho que chegue por dois.

P. G. WODEHOUSE

Charuto

A mulher é como um charuto: é preciso acendê-la o tempo todo.

ARTHUR RUBINSTEIN

As mulheres são como charutos: o primeiro terço é o melhor.

WOLINSKI

Choro

As mulheres aprenderam a chorar para mentir.

PUBLÍLIO SIRO, *SENTENÇAS*

Não temas as palavras da esposa irada: é quando chora que a mulher constrói uma armadilha com as lágrimas.

CATÃO

Nada seca mais rápido que uma lágrima de mulher.

JOHN WEBSTER, *THE WHITE DEVIL*

Chuchu

A mulher da gente é como chuchu: dá o ano inteiro, não tem gosto de nada, mas a gente tem de comer senão o vizinho come.

ADÁGIO POPULAR

Civilização

As mulheres serão a última coisa que o homem conseguirá civilizar.

GEORGE MEREDITH

A civilização feminina não está há mais de quinze anos da caverna.

GROUCHO MARX

Se a civilização tivesse sido deixada em mãos femininas, ainda estaríamos vivendo em cabanas de capim.

CAMILLE PAGLIA, *SEXUAL PERSONAE*

Compaixão

Mulheres não têm compaixão alguma [...] E minha experiência com mulheres é quase tão vasta quanto a Europa, e muito íntima também. Mulheres anseiam por ser amadas, não por amar. Elas exigem compaixão aos gritos o dia inteiro, e são incapazes de dar alguma em troca, pois não conseguem lembrar dos problemas dos outros o tempo suficiente para fazê-lo.

FLORENCE NIGHTINGDALE

Complemento

A mulher não passa de complemento do homem [...] Que os inferiores dependam dos superiores, é uma felicidade para o progresso e para eles!

AUGUST STRINDBERG, *DA INFERIORIDADE DA MULHER*

Concubina

Moisés enfureceu-se contra os oficiais do exército, comandantes dos milhares e das centenas que retornaram do campo de batalha, e disse-lhes: "Por que deixastes vivas todas as mulheres? Foram elas que, instigadas por Balaão, levaram os israelitas a serem infiéis ao Senhor no caso de Fegor, e provocaram a mortandade na comunidade do Senhor. Matai, portanto, todos os meninos, bem como todas as mulheres que já tiveram relações com algum homem. As meninas, porém, que não tiveram relações com homem, conservai-as vivas para vós".

NÚMEROS

Se um homem tiver relações com uma mulher que foi adquirida como concubina por outro homem, e não tiver sido resgatada nem alforriada, sejam castigados mas não com a morte, pois ela não era livre.

LEVÍTICO

Enquanto se reconfortavam, alguns homens da cidade, de costumes depravados, cercaram a casa, bateram na porta e gritaram para o ancião, dono da casa: "Faze sair o homem que entrou em tua casa! Queremos abusar dele!". O dono da casa saiu e lhes disse: "Não, irmãos! não façais essa maldade! Depois que esse homem entrou em minha casa não cometais tal infâmia. Vou trazer-vos minha filha moça e a concubina dele; podeis abusar delas e fazer-lhes o que melhor vos parecer. Mas a esse homem não façais tamanha infâmia!". Mas os homens não quiseram escutá-lo. Então o levita pegou sua concubina e lhes trouxe para fora. Eles a violentaram e abusaram dela a noite inteira, até de madrugada. Abandonaram-na ao amanhecer. Ao romper da aurora a mulher voltou e caiu à entrada da casa onde estava o marido, e ali ficou até o clarear do dia. De manhã, ao se levantar, o marido abriu a porta da casa e saía para seguir viagem, viu sua concubina caída na entrada da casa, com as mãos na soleira. Ele lhe disse: "Levanta-te! Vamos embora!". Mas não teve resposta. Então a recolheu, carregou-a sobre o burro e partiu de volta para casa. Chegando à casa, pegou uma faca, segurou o cadáver da concubina e o esquartejou em doze pedaços, que enviou por todo o território de Israel.

JUÍZES

Condição feminina

Um Ministério da Condição Feminina? E por que não uma Secretaria Estadual do Tricô?

CHARLES DE GAULLE

É preciso melhorar as condições femininas. As cozinhas são muito pequenas, as pias são muito baixas e o cabo das panelas mal isolado.

WOLINSKI, *CHARLIE-HEBDO*

Conselho

Eis o melhor conselho para um homem razoável: não acredites numa mulher, mesmo que ela te diga a verdade.

EURÍPIDES, *FRAGMENTOS*

Nos maus conselhos a mulher supera o homem.

PUBLÍLIO SIRO, *SENTENÇAS*

Coração

A maioria das mulheres quase não têm princípios: elas se conduzem pelo coração e, para seus costumes, dependem daqueles a quem amam.

LA BRUYÈRE, *OS CARACTERES*

O destino da mulher e sua única glória é fazer bater o coração dos homens.

HONORÉ DE BALZAC

Corno

O homem chifrado por uma mulher feia é mais corno do que os outros.

ANDRÉ BIRABEAU

"Corno": coisa estranha essa palavrinha não ter feminino.

JULES RENARD, *JOURNAL*

Quanto mais leve é a cabeça da mulher, mais pesada é a do marido.

URBANO DE CASTRO, CITADO POR MÁRIO DA SILVA BRITO, *O FANTASMA SEM CASTELO*

Tenho observado frequentemente que os cornos se casam de preferência com as mulheres adúlteras.

ALPHONSE ALLAIS

Correnteza

Há também a história de um homem que, tendo a esposa se afogado num rio, começou a procurar pelo corpo para retirá-la da água, caminhando, porém, em sentido contrário ao da correnteza. E quando indagado por que assim procedia, já que os corpos pesados sempre são arrastados pela correnteza, respondeu: "Quando viva, esta mulher, por palavras e por atos, sempre foi contrária às minhas ordens. Portanto, procuro-a na direção contrária porque, mesmo morta, talvez ainda conserve aquela disposição contrária à minha".

HEINRICH KRAMER E JAMES SPRENGER, *MALLEUS MALEFICARUM*

Costela

E o homem deu nomes a todos os animais domésticos, às aves do céu e a todos os animais selvagens. Mas entre todos eles não havia para o homem uma auxiliar que lhe correspondesse. Então o Senhor Deus fez cair um sono profundo sobre o homem e ele adormeceu. Tirou-lhe uma das costelas e fechou o lugar com carne. Depois, da costela tirada do homem, o Senhor Deus formou a mulher e a apresentou ao homem.

GÊNESIS

"De que parte do homem tirarei eu a mulher?", disse o Todo-Poderoso. "Da cabeça? Seria muito orgulhosa. Da vista? Seria muito curiosa. Da orelha? Escutaria atrás das portas. Da boca? Falaria demais. Da mão? Seria pródiga." Por fim, tomou uma parte bem obscura, bem escondida do corpo, na esperança de que fosse modesta.

TALMUDE

Mas a razão natural está em que a mulher é mais carnal do que o homem, o que se evidencia pelas suas muitas abominações carnais. E convém observar que houve uma falha na formação da primeira mulher, por ter sido ela criada a partir de uma costela recurva, ou seja, uma costela do peito, cuja curvatura é, por assim dizer, contrária à retidão do homem.

HEINRICH KRAMER E JAMES SPRENGER, *MALLEUS MALEFICARUM*

A mulher é o produto de um osso extranumerário.

BOSSUET, *ÉLÉVATIONS SUR LES MYSTÈRES*

Cozinha

A mulher não compreende o que significa a alimentação, e quer ser cozinheira! Se a mulher fosse uma criatura pensante teria descoberto, "na sua qualidade de cozinheira", há milhares de anos, os maiores fenômenos fisiológicos e teria sido capaz de obter o monopólio da medicina! Por culpa das péssimas cozinheiras, pela falta absoluta de racionalidade na cozinha, o desenvolvimento do homem foi, principalmente, impedido e danificado mais que por qualquer outra causa e mesmo hoje melhoramos pouco no que concerne este assunto.

NIETZSCHE, *ALÉM DO BEM E DO MAL*

Só têm autoridade os livros de cozinha assinados por homens.

AUGUST STRINDBERG, *DA INFERIORIDADE DA MULHER*

O problema da minha mulher é que ela é uma puta na cozinha e uma cozinheira na cama.

GEOFFREY GORER

Crânio

Antropólogos descobriram — o que foi confirmado por exploradores africanos — que o crânio da mulher branca se assemelha ao do negro, e que o crânio de uma negra é inferior ao de um negro; a conclusão, portanto, é a de que o crânio da mulher branca é comparável a um tipo de crânio pertencente a uma raça inferior.

AUGUST STRINDBERG, *DA INFERIORIDADE DA MULHER*

Criança

Um homem sensato apenas brinca com elas, graceja com elas, compraz-lhes e lisonjeia-as, como o faz com uma criança brincalhona e precoce; mas nunca as consulta sobre assuntos sérios, nem lhos confia.

CHESTERFIELD, *CARTAS AO FILHO*

A partir dos seis anos de idade, a mulher não cresce mais, a não ser nas dimensões.

SEVERO CATALINA

Cristianismo

Não é permitido à mulher falar na igreja; nem tampouco lhe é permitido ensinar, batizar ou fazer oferendas, nem se atribuir qualquer prerrogativa masculina, sobretudo a do sacerdócio.

TERTULIANO, *SOBRE O VÉU NAS MULHERES*

Crueldade

As mulheres, se deixadas em liberdade, são cruéis, ambiciosas, ávidas de comando.

TÁCITO

D

Dama

A mulher no Ocidente, o que chamam a *dama*, encontra-se numa posição absolutamente falsa, porque a mulher, o *sexus sequior* dos antigos, não tem nada para inspirar veneração e receber homenagens, nem para levantar mais a cabeça que o homem, nem para ter direitos iguais aos deles.

SCHOPENHAUER, *ENSAIO SOBRE AS MULHERES*

Decadência

Com a inclinação helenística para as mulheres, prefigurada por Eurípides, o garoto belo desliza rumo ao feminino, um sintoma de decadência.

CAMILLE PAGLIA, *SEXUAL PERSONAE*

Demônio

As mulheres devem ser comparadas aos demônios, pois trazem em si a perdição e a intranquilidade.

STEFAN ZWEIG

Despojos

Certamente repartem os despojos encontrados, uma ou duas moças para cada homem; um butim de vestes coloridas para Sísara, um butim colorido, recamado; uma veste colorida, duas bordadas, um butim para o pescoço.

JUÍZES

Deus

A mulher, diz a Bíblia, é a última coisa que Deus fez. E ele a fez no sábado. Percebe-se o seu cansaço.

ALEXANDRE DUMAS FILHO

Se mulher fosse bom, Deus teria uma.

SACHA GUITRY

Deus criou o mundo em seis dias e, no domingo, descansou; quando criou a mulher, na segunda, ninguém mais descansou.

JOSÉ SIMÃO

Diabo

O que o diabo não consegue, consegue-o a mulher.

PROVÉRBIO MEDIEVAL

A aliança de Deus com o diabo é infalível na cabeça de uma mulher vã, fraca, voluptuosa e medrosa.

CASANOVA, *MEMÓRIAS*

Diga a uma mulher uma vez apenas por dia que ela é bela e o diabo repetir-lhe-á isto dez vezes por dia.

F. VONEISEN

Diamante

Diamantes são os melhores amigos de uma garota.

ANITA LOOS, *OS HOMENS PREFEREM AS LOURAS*

Nunca odiei um homem a ponto de lhe devolver diamantes.

ZSA ZSA GABOR

Dilma Rousseff

Acho que o Lula preferiu uma mulher na Presidência por uma questão machista de controle. Ele não poria um homem mais forte do que ele.

ARNALDO JABOR, À REVISTA *PLAYBOY* DE OUTUBRO DE 2010

Dinheiro

No fundo do coração as mulheres imaginam que os homens são feitos para ganhar dinheiro e as mulheres para o gastar; se o não podem fazer durante a vida do marido, desforram-se depois da sua morte. E o que contribui para lhes confirmar esta convicção é o marido dar-lhes dinheiro e encarregá-las de dirigir a casa.

SCHOPENHAUER, *ENSAIO SOBRE AS MULHERES*

Nunca tive dinheiro até que arriei as calcinhas.

SALLY RAND

Um ladrão roubou o cartão de crédito da minha mulher. E quer saber de uma coisa? Está gastando menos que ela!

HENNY YOUNGMAN

Ladrões exigem a bolsa ou a vida. Mulheres exigem ambos.

SAMUEL BUTLER

Direitos das mulheres

Já que a mulher reivindica seus direitos, nós lhe reconhecemos apenas um: o direito de agradar.

GUY DE MAUPASSANT

A rainha faz um apelo a todas aquelas em condições de tomar a palavra ou escrever, e as adjura a que se unam para deter esse movimento pelos direitos das mulheres, perverso e tolo, com todos os horrores que ele propicia e que cega as pobres criaturas de seu sexo, fazendo-as esquecer o sentido da feminilidade e das conveniências. Esse assunto irrita a rainha a tal ponto, que ela mal consegue controlar a sua cólera.

RAINHA VITÓRIA

Dissimulação

A dissimulação é inata na mulher, tanto na mais esperta como na mais tola. É-lhe tão natural usá-la em todas as ocasiões como a um animal atacado defender-se com as suas armas naturais; e procedendo deste modo, tem até certo ponto consciência dos seus direitos; o que torna quase impossível encontrar uma mulher absolutamente verdadeira e sincera. É justamente por este motivo que ela compreende tão facilmente a dissimulação nos outros e que não é prudente usá-la com ela.

SCHOPENHAUER, *ENSAIO SOBRE AS MULHERES*

Divórcio

Nossos rabinos ensinaram: se um homem tomou uma esposa, viveu com ela por dez anos e ela não teve filhos, ele deve divorciar-se dela.

TALMUDE

A escola de Shamai sustenta que um homem não deve se divorciar de sua esposa a não ser que a tenha achado culpada de má conduta sexual, enquanto a escola de Hilel diz que ele pode se divorciar dela simplesmente por ela ter estragado algum prato que fez para ele. O rabino Akiba diz que ele pode se divorciar dela se ele simplesmente encontrar outra mulher mais bonita que ela.

IDEM

Dona de casa

A ciência e ocupação mais útil e honrosa para uma mulher é o governo da casa.

MONTAIGNE, *ENSAIOS*

As mulheres deveriam se ocupar dos afazeres domésticos; é preciso alimentá-las e vesti-las bem, mas não misturá-las à sociedade.

LORD BYRON

Sem dúvida a mulher deve reinar dentro de casa, mas somente lá. Em qualquer outro lugar ela se encontra deslocada.

MIRABEAU

Na verdade, o que eu gostaria era de estar casada e lavando as meias do meu marido.

MADONNA

E

Egoísmo

Não há egoísmo como o egoísmo feminino: meloso, afiado, requintado como um dardo molhado no azeite, um egoísmo de artista, elas o sabem, elas o dissimulam; mas procure bem e você o encontrará.

PIERRE-JOSEPH PROUDHON, *A PORNOCRACIA OU AS MULHERES NOS TEMPOS MODERNOS*

Penso que existem trêm categorias de egoístas [...], os egoístas que vivem e deixam viver os outros, os que vivem e não deixam viver os outros, e, por fim, os egoístas que não vivem eles mesmos e impedem os outros de viver. As mulheres geralmente pertencem a essa última categoria.

IVAN TURGUENIEV, *RUDIN*

Egotismo

O homem não é, originalmente, um egotista; não até ele ter a sorte de se unir a uma mulher, quando então ele se torna um, e por completo. Em contraste a um egotismo de estrutura de junta frouxa, essa união, comumente conhecida como casamento, poderia ser chamada de um egotismo de pedra, o próprio empreendimento do egotismo.

KIERKEGAARD

Elefante

Mulheres causam-me o mesmo efeito que os elefantes: adoro olhá-los, mas não gostaria de ter um em casa.

W. C. FIELDS

Emancipação

Emancipar a mulher é ótimo; mas seria preciso, antes de mais nada, ensinar-lhe o uso da liberdade.

ÉMILE ZOLA, *LA TRIBUNE*

Emancipar as mulheres é o mesmo que corrompê-las.

BALZAC, *A MULHER DE TRINTA ANOS*

É somente o elemento masculino das mulheres emancipadas que anseia pela emancipação.

OTTO WEININGER, *SEXO E CARÁTER*

O maior, o único inimigo da emancipação da mulher é a própria mulher.

IBIDEM

Escolha

Toda mulher tem de escolher: se outras mulheres gostam do seu homem, ela se sente insegura; mas, se as outras o desprezam, ela se sente infeliz.

ANATOLE FRANCE

Algumas mulheres, por não quererem trabalhar, precisam de filhos para justificar sua preguiça, estupidez e irresponsabilidade. [...] Ao contrário dos homens, as mulheres podem escolher entre uma carreira e uma vida de objeto de luxo parasitário e imbecil.

ESTHER VILAR, *O HOMEM MANIPULADO*

Escrava

Homem, tu és o amo, a mulher é tua escrava, foi Deus que assim o quis. [...] Sim, vossas mulheres são vossas servas, e vós sois os amos de vossas mulheres.

SANTO AGOSTINHO, *SERMÃO 322*

Realmente, a natureza fez todas as mulheres nossas escravas e somente graças à nossa incompreensão é que elas ousam tornar-se nossas soberanas.

NAPOLEÃO I

Escritoras

Há, pois, uma razão mais forte do que geralmente se supõe para a conhecida adoção de pseudônimos masculinos por parte de mulheres escritoras. Sua escolha é um modo de expressar a masculinidade inerente que sentem; e isso é ainda marcante no caso de algumas que, como George Sand, têm preferência por trajes e ocupações masculinos. O motivo para a escolha de um nome de homem se origina do sentimento de que este corresponde ao próprio caráter delas, muito mais do que por algum desejo de maior notoriedade por parte do público. A verdade é que, até o presente, em parte devido ao interesse na questão sexual, escritos de mulheres têm despertado maior interesse que os de homens; e, devido às questões envolvidas, têm sempre recebido uma maior consideração e, como se houvesse alguma justificação, um maior galardão de louvor, do que se tem conferido a obras de igual mérito feitas por homens. Sobretudo nos dias atuais, muitas mulheres têm se tornado célebres por obras que, se tivessem sido produzidas por homens, teriam passado quase desapercebidas.

OTTO WEININGER, *SEXO E CARÁTER*

A tradição gótica foi iniciada por Ann Radcliffe, um exemplo raro de mulher criando um estilo artístico.

CAMILLE PAGLIA, *SEXUAL PERSONAE*

Esmalte

A única diferença entre certas mulheres e um abutre é o esmalte de unhas.

ROBERT UPTON

Espermatozoide

A mulher é inferior ao homem. O óvulo feminino é uma forma de célula inferior, não automotriz, ao passo que o espermatozoide é suscetível de um desenvolvimento superior, e fecunda ativamente, sendo automotor, ao encontro do óvulo feminino, o qual é fecundado passivamente. Por fim, o homem possui óvulos em estado rudimentar, enquanto que na mulher não encontramos espermatozoides, mesmo em estado rudimentar, donde se conclui que o homem é a forma de vida superior.

AUGUST STRINDBERG, *DA INFERIORIDADE DA MULHER*

Esportes

Nos anos setenta, mulheres corredoras, ao desenvolverem amenorreia e fraturas de canela relacionadas com cálcio, foram as primeiras a perceber que a natureza paira sobre nós, pronta para paralisar nossos sistemas se nossas reservas de gordura destinada a alimentar o feto caem abaixo de uma certa porcentagem de peso corporal. Em outras palavras, aos olhos da natureza nós [mulheres] nada somos além de sacos de leite e depósitos de gordura.

CAMILLE PAGLIA, *VAMPS AND TRAMPS*

Esposa

Todo o amor pela esposa de alguma outra pessoa é vergonhoso. Mas também é vergonhoso amar a própria esposa desmesuradamente. Ao amar a esposa, o homem sábio toma a razão como guia, não a emoção. Resiste ao assalto das paixões, e não se permite ser levado impetuosamente ao ato conjugal. Não há gesto mais depravado do que o de amar a própria esposa como se ela fosse uma adúltera.

Aqueles homens, entretanto, que dizem copular com uma mulher só para gerarem filhos, em prol do Estado ou da raça humana, devem pelo menos tomar como exemplo os animais, e quando o ventre da esposa inchar, não devem destruir sua posteridade.

SÊNECA

Não prolongarás conversação com uma mulher, nem mesmo com tua esposa.

TALMUDE

Aquele que for um amante apaixonado demais da própria esposa é adúltero.

SÃO JERÔNIMO

Valério Máximo conta-nos que quando Forônio, o rei dos gregos, estava à morte, disse a seu irmão Leôncio que nada lhe faltava para completar-lhe a felicidade, pois que nunca tivera esposa. E quando Leôncio perguntou-lhe de que modo poderia uma mulher obstar o caminho da felicidade, respondeu-lhe Forônio que todos os homens casados sabiam perfeitamente a resposta.

HEINRICH KRAMER E JAMES SPRENGER, *MALLEUS MALEFICARUM*

Uma boa esposa é um grande consolo para o homem em todos os contratempos e dificuldades, os quais ele nunca haveria de ter se tivesse continuado solteiro.

BERNARD SHAW

Todas começam como Julietas e terminam como Lady Macbeths.

CLIFFORD ODETS

Esposa serve pra nos lembrar que já não a tratamos como antigamente.

MILLÔR FERNANDES, *A BÍBLIA DO CAOS*

Estorvo

A mulher é um estorvo social, uma forma de obscurantismo, e se o homem não tivesse de nascer dela, deveria ser suprimida.

BENITO PÉREZ GALDÓS, *SATÍRICON*

Nenhuma situação é tão complicada que uma mulher não possa piorar.

TOM JOBIM

Estupro

As artes coquetes femininas de encobrimento de si mesma significam que a abordagem do homem precisa tomar a forma de estupro.

CAMILLE PAGLIA, *SEXUAL PERSONAE*

O que faz falta a todas elas é um bom estupro.

NATHANAEL WEST

Tá com desejo sexual? Estupra, mas não mata!

PAULO MALUF

Etimologia

Claro está que a primeira mulher tinha pouca fé. [...] E tal é o que indica a etimologia da palavra que lhe designa o sexo, pois *Femina* vem de *Fe* e *Minus*, por ser a mulher sempre mais fraca em manter e em preservar a sua fé.

HEINRICH KRAMER E JAMES SPRENGER, *MALLEUS MALEFICARUM*

Eva

E o homem disse: "A mulher que me deste por companheira, foi ela que me fez provar do fruto da árvore, e eu comi". Disse, pois, o Senhor Deus à mulher: "Por que fizeste isso?". E a mulher respondeu: "A serpente me enganou e eu comi".

GÊNESIS

Então não sabem que cada uma de vocês é uma Eva? A sentença de Deus sobre esse sexo de vocês prevalece até hoje; a culpa deve necessariamente prevalecer também. Vocês são o portão do Diabo; vocês são a transgressora da árvore proibida; vocês são a primeira desertora da lei divina; vocês são aquela que persuadiu aquele a quem o diabo não teve coragem de atacar. Vocês destruíram tão facilmente a imagem de Deus, que é o homem. Por causa da deserção de vocês até o Filho de Deus teve que morrer.

TERTULIANO

Desde Adão, não existe falta da qual a mulher não tenha participado de algum modo.

W. M. THACKERAY

A mulher será sempre o perigo de todos os paraísos.

PAUL CLAUDEL, *CONVERSAÇÕES NO LOIR-ET-CHER*

Excremento

Embora a mulher seja um vaso de excremento e tenha a boca cheia de sangue, todos correm atrás dela.

TALMUDE, SHABAT 152B

F

Fábrica de filhos

Mulher proletária — única fábrica / que o operário tem (fábrica de filhos) / tu / na tua superprodução de máquina humana / forneces anjos para o Senhor Jesus, / forneces braços para o senhor burguês.

JORGE DE LIMA, *POEMAS ESCOLHIDOS*

Faculdade deliberativa

O escravo não possui em absoluto a faculdade deliberativa; a fêmea a tem, mas ineficaz.

ARISTÓTELES

Família

A Família! Lar de todos os males sociais, uma instituição de caridade para mulheres indolentes, uma penitenciária para o provedor condenado a trabalhos forçados e um inferno para as crianças.

AUGUST STRINDBERG

Feiúra

Feiúra: enfermidade que faz o desespero de uma mulher e a alegria de todas as outras.

PIERRE VÉRON, *LE CARNAVAL DU DICTIONNAIRE*

Uma mulher sem beleza conhece apenas metade da vida.

MADAME DE SEVIGNÉ, *CARTAS*

A feiúra é a metade do caminho para a virtude.

HEINRICH HEINE

Existem umas feias potáveis. Mas a maioria só serve mesmo para fazer sabão.

VINICIUS DE MORAES

Um truque fácil e prático para uma mulher se tornar mais bonita é andar sempre acompanhada de uma mulher feia. Já a mulher feia deve andar acompanhada de uma mulher ainda mais feia.

LEON ELIACHAR

Felicidade

Pode-se ser feliz com uma mulher, desde que não seja sempre a mesma.

SOFOCLETO, *SILOGISMOS*

Ela não foi feita para a admiração de todos, mas para a felicidade de um só.

EDMUND BURKE

Não se pode fazer uma mulher feliz, é impossível. Eu nunca conheci uma mulher feliz em toda a minha vida.

CHRIS ROCK, NO SHOW *NEVER SCARED*

Feminismo

Há momentos em que a mais dedicada feminista precisa do ombro de um machista em que se apoiar.

CLIVE CUSSLER

Está bem que a mulher não queira mais ser "o descanso do guerreiro". Mas não precisava ser a aporrinhação do pacifista.

MILLÔR FERNANDES, *A BÍBLIA DO CAOS*

Todo homem é a favor das feministas. Principalmente aquelas de pernas alongadas, bumbum empinadinho, seios firmes e olhos verdes.

ANÔNIMO

Como os homens, elas também querem ter mais privilégios. Como são, em média, mais fracas fisicamente que os homens, sua estratégia preferida para fazer isso é reclamar. Isso significa que, se todos os homens fossem enjaulados e todas as mulheres fossem declaradas donas de cada homem, elas continuariam reclamando. Para elas, reclamar funciona. Desde criança elas são criadas para acreditar nisso. Quando um garoto chora, ele é desprezado. Já as meninas, quando choram, são consoladas. O que é o feminismo se não uma eterna lamentação?

MARTIN VAN CREVELD, *VEJA*, 1/10/2003

Fidelidade

Confia teu barco aos ventos, mas não tua alma às moças, pois as ondas são mais seguras que a fidelidade da mulher.

CÍCERO

Certas mulheres não nos abandonam nem nas piores situações. Que, aliás, foram elas que criaram.

MILLÔR FERNANDES

Mulher só é fiel à moda.

JUSTINO MARTINS

Filhas de Ló

Chamaram Ló e lhe disseram: "Onde estão os homens, que vieram à tua casa esta noite? Traze-os cá até nós para termos relações com eles". Ló saiu-lhes à porta, fechou-a atrás de si e lhes disse: "Por favor, meus irmãos, não façais semelhante maldade. Vede, tenho duas filhas, que ainda são virgens. Vou trazê-las para fora. Podeis fazer com elas o que bem entenderdes; mas nada façais a estes homens, pois por isso vieram acolher-se sob meu teto".

GÊNESIS

E a mais velha disse à mais nova: "Nosso pai já está velho e não há aqui homens com quem nos possamos casar, como faz todo mundo. Vamos embebedar o pai com vinho e dormir com ele, para ter filhos dele". Embebedaram o pai naquela noite e a mais velha foi dormir com ele sem que ele nada percebesse, nem quando ela se deitou nem quando se levantou. No dia seguinte a mais velha disse à mais nova: "Ontem dormi com o pai. Vamos embebedá-lo também esta noite e tu vais dormir com ele para gerar descendência de nosso pai". Também naquela noite embebedaram o pai e a mais moça dormiu com ele. Ele, porém, nada percebeu, nem quando ela se deitou nem quando se levantou. Assim as duas filhas de Ló ficaram grávidas do próprio pai.

IDEM

Filhos

Se a filha de um sacerdote se desonra, prostituindo-se, desonra o próprio pai. Será queimada na fogueira.

LEVÍTICO

A mulher sem filhos é uma mulher morta.

TALMUDE

O homem pode vender sua filha, mas a mulher não pode vender sua filha; o homem pode casar a sua filha, mas a mulher não pode casar a sua filha.

IDEM

Quando um menino vem ao mundo, paz vem ao mundo; quando uma menina vem ao mundo, nada vem.

IDEM

A filha deve sempre a seu pai obedecer
Mesmo quando lhe dá por marido um macaco.
Que bela sorte, enfim! Por que dar o cavaco?

MOLIÈRE, *TARTUFO*

Uma mulher que faz papel cômico não me ofende, mas penso que elas servem somente para fazer filhos.

JERRY LEWIS, *VEJA*, 23/2/2000

Filosofia

Mulher nenhuma já chegou a compreender a filosofia, exceto Têmis.

LACTÂNCIO

Fraqueza

Fraqueza, teu nome é mulher.

SHAKESPEARE, *HAMLET*

Frivolidade

As mulheres gostam dos loucos e dos bobos, e é por isso que esse sexo é tão inclinado ao riso e às frivolidades.

ERASMO DE ROTERDÃ, *ELOGIO DA LOUCURA*

O que torna as mulheres particularmente aptas para cuidar, para dirigir a nossa primeira infância, é o fato delas mesmas se conservarem pueris, frívolas e de inteligência acanhada; conservam-se toda a vida umas crianças grandes, uma espécie de intermediárias entre a criança e o homem. Observe-se uma jovem divertindo-se um dia inteiro com uma criança, dançando e cantando com ela, e imagine-se o que um homem, com a melhor das vontades, faria em seu lugar.

SCHOPENHAUER, *ENSAIO SOBRE AS MULHERES*

Futuro

Uma mulher se preocupa com o futuro só até encontrar um marido, enquanto um homem se preocupa com o futuro só depois que encontrou uma mulher.

BERNARD SHAW

G

Galinha

Chamar uma mulher de galinha é uma ofensa. Coitada da galinha, que vive à disposição do galo, na hora que ele quiser, como uma odalisca num harém.

CARMEN MIRANDA

O que as mulheres não entendem é que a galinhagem de seus maridos não tem nada a ver com elas.

DONALD OGDEN STEWART

Garota dos sonhos

Depois de conquistar a garota dos seus sonhos, é só aprender como dispensá-la, evitando assim que o sonho vire pesadelo.

ANDRÉ AGUIAR MARQUES, *NÃO EXISTE MULHER DIFÍCIL*

Garrulice

A mulher é coisa gárrula e falaz,
Quer e desquer: é louco o homem que nela confia.

TORQUATO TASSO, *JERUSALÉM LIBERTADA*

Gênio

Mulheres têm sido dissuadidas de praticar gêneros como a escultura, que requer estúdio e materiais caros; mas na filosofia, na matemática, na poesia, os únicos materiais são caneta e papel. A conspiração masculina não pode explicar todos os fracassos femininos. Estou convencida de que, mesmo sem restrições, jamais teria havido algum Pascal, Milton, ou Kant femininos. Gênio não é detido por obstáculos sociais; ele os supera. O egotismo do homem, tão repulsivo naqueles que não têm talento, é a fonte da sua grandeza enquanto sexo. [...] Mesmo agora, com todas as vocações abertas, surpreende-me a escassez de mulheres arrebatadas pela obsessão artística ou intelectual, esse desarranjo automutilante de relacionamento social que, em suas formas alternativas de crime e ideação, é a desgraça e glória da espécie humana.

CAMILLE PAGLIA, *SEXUAL PERSONAE*

Ginecologista

Entregador de pizza é que nem ginecologista: sente o cheiro, mas não pode comer.

CACO ANTIBES, PERSONAGEM DO PROGRAMA *SAI DE BAIXO*

Governo

Recordo-lhes que somos todas mulheres. Nenhuma mulher há tão tola, que não saiba bem como as mulheres, quando se juntam, são pouco providas de juízo, e mal sabem governar-se sem o auxílio de algum homem.

BOCCACCIO, *DECAMERÃO*

A inteligência, o bom senso, a amizade são qualidades mais comuns aos homens; por isso eles governam o mundo.

MONTAIGNE, *ENSAIOS*

Perguntarão, talvez, se as mulheres estão por natureza, ou por instituição, sob a autoridade dos homens? Se é por instituição, nenhuma razão nos obrigaria a excluir as mulheres do governo. Se, todavia, apelamos para a experiência, veremos que isto provém da fraqueza delas. Em nenhuma parte da terra homens e mulheres reinaram conjuntamente, mas em toda parte, onde se encontram homens e mulheres, vemos que os homens reinam e que as mulheres são governadas, e que, desta maneira, os dois sexos vivem em boa harmonia; pelo contrário, as amazonas que, segundo uma tradição, outrora reinaram, não admitiam que os homens permanecessem no seu território, não alimentavam senão os indivíduos do sexo feminino e matavam os machos que tinham gerado. Se as mulheres fossem, por natureza, iguais aos homens, se tivessem no mesmo grau a força de alma e as qualidades de espírito que são, na espécie humana, os elementos do poder e, consequentemente, do direito, certamente, entre tantas nações diferentes, não se poderia deixar de encontrar umas em que os dois sexos reinassem igualmente, e outras em que os homens seriam governados pelas mulheres e receberiam uma educação própria para restringir as suas qualidades de espírito. Mas isto nunca se viu em parte alguma, e pode-se afirmar, por consequência, que a mulher não é, por natureza, igual ao homem e também que é impossível que os dois sexos reinem igualmente e, ainda menos, que os homens sejam regidos pelas mulheres.

ESPINOSA, *TRATADO POLÍTICO*

A mulher carece de ser governada, e não é feliz não sendo governada; mas cumpre que ame aquele que a governa.

ERNEST RENAN, *OS APÓSTOLOS*

Gravidez

Desta maneira se esclarece o notável fenômeno de que, enquanto uma mulher é surpreendida durante o ato da geração, ela se envergonha terrivelmente; mas apresenta sua gravidez sem o menor vestígio de vergonha, e mesmo com um certo orgulho; como em todos os outros casos um sinal infalivelmente seguro equivale à coisa designada, também qualquer outro sinal do coito concluído envergonha a mulher em alto grau; somente a gravidez não o faz. Isto há que explicar por ser, conforme o acima, a gravidez, em certo sentido, uma expiação da culpa, contraída pelo coito, que a conduz diretamente consigo ou ao menos a coloca em perspectiva. Por isso o coito porta toda a vergonha e desonra do ato; e a gravidez, tão estreitamente vinculada a ele, permanece pura e inocente, e se torna mesmo em certa medida honrada.

SCHOPENHAUER, *PARERGA E PARALIPOMENA*

H

Herança

Eis o que Deus vos prescreve: quando morre um de vós, deixando bens e filhos, o filho varão herdará o dobro da filha, e se houver somente filhas, receberão dois terços da herança, mas se houver uma filha só, receberá apenas a metade.

ALCORÃO

Hinduísmo

O deus da morte, o vento, o mundo subterrâneo, a entrada sempre incandescente do inferno, o fio da faca, veneno, serpente e fogo — mulheres são todos esses num só.

RAMAYANA

Hipocrisia

Como a hipocrisia e a frivolidade das mulheres se conjuram à perfeição para dar a elas uma vida cômoda e a um homem sincero muitas horas ingratas!

GOETHE

Homem

O homem é a medida de todas as coisas.

PROTÁGORAS, *FRAGMENTOS*

A culpa é do homem se a mulher passa dos limites.

TÁCITO

Realmente, são os homens a cabeça das mulheres; sem a ordem deles, raramente chega alguma obra nossa a um fim digno de elogio.

BOCCACCIO, *DECAMERÃO*

Sou feliz por não ser homem, pois do contrário eu seria obrigada a me casar com uma mulher.

MADAME DE STAËL

Um homem, por mais malicioso que possa ser, não dirá jamais das mulheres tanto mal ou tanto bem quanto o que elas pensam delas mesmas.

BALZAC

Um homem ou não basta a uma mulher, ou lhe é demais.

JACQUES CHARDONNE, *O AMOR É MUITO MAIS QUE O AMOR*

Os homens distinguem-se pelo que fazem; as mulheres, pelo que levam os homens a fazer.

CARLOS DRUMMOND DE ANDRADE

Por trás de todo homem bem-sucedido, existe uma mulher. E, atrás desta, existe a mulher dele.

GROUCHO MARX

E por trás de todo homem fracassado também existe uma mulher!

JOHN RUGE

Honestidade

Há poucas mulheres honestas que não estejam cansadas de seu ofício.

LA ROCHEFOUCAULD, *REFLEXÕES*

— Não há mulheres honestas, então?
— Sim, há! Mais do que se crê, menos do que se diz.

ALEXANDRE DUMAS FILHO, *O AMIGO DAS MULHERES*

As mulheres honestas são inconsoláveis das faltas que não cometeram.

SACHA GUITRY, *ELAS E TU*

I

Idade

Todas as mulheres deveriam ter dezoito anos.

NELSON RODRIGUES, *ASFALTO SELVAGEM*

As mulheres que tentam esconder a idade deviam procurar um esconderijo melhor.

CIRO PELLICANO, *A ÚLTIMA COISA QUE EU PRETENDO FAZER NA VIDA É MORRER*

A mulher fala sempre da sua idade e nunca diz qual é.

JULES RENARD

Aos trinta anos, uma mulher precisa escolher entre seu traseiro e seu rosto.

COCO CHANEL

Mulher tem paixão por cálculo: ela divide sua idade por dois, dobra o preço dos seus vestidos, triplica o salário do seu marido e soma cinco anos à idade de sua melhor amiga.

MARCEL ACHARD, *AUPRÈS DE MA BLONDE*

Igreja

As mulheres fiquem caladas nas igrejas; porque não lhes é permitido falar; mas estejam submissas, como também manda a lei. E se querem aprender alguma coisa, perguntem em casa aos seus maridos; porque é indecente que mulheres falem na igreja.

PRIMEIRA EPÍSTOLA AOS CORÍNTIOS

Sempre me espantei por permitirem mulheres nas igrejas. Que conversa podem ter com Deus?

BAUDELAIRE, *MON COEUR MIS À NU*

Igualdade

Em todo caso, visto que as leis concederam às mulheres os mesmos direitos dos homens, também lhes deveriam ter conferido uma razão viril.

SCHOPENHAUER, *ENSAIO SOBRE AS MULHERES*

Acho que toda mulher deve lutar pela sua igualdade, desde que não interfira com o serviço da casa. Depois de pendurar as roupas ela pode fazer o que bem entender.

LUÍS FERNANDO VERÍSSIMO, *O ANALISTA DE BAGÉ*

Impotência

Hoje em dia, se você não confessar uma broxura permanente, as feministas dizem que você é machista.

MILLÔR FERNANDES

Para se dar bem com as mulheres, diga que é impotente. Elas ficarão loucas para desmenti-lo.

CARY GRANT

Não tenho tragédia na minha vida. Por exemplo: eu nunca broxei.

ZIRALDO

Indigestão

Mas que mulher indigesta! (Indigesta!)
Merece um tijolo na testa!
Essa mulher não namora
Também não deixa mais ninguém namorar.
É um bom center-half pra marcar
Pois não deixa a linha chutar
E quando se manifesta
O que merece é entrar no açoite.
Ela é mais indigesta do que prato
De salada de pepino à meia-noite.
Essa mulher é ladina
Toma dinheiro, é até chantagista
Arrancou-me três dentes de platina
E foi logo vender no dentista.

NOEL ROSA, "MULHER INDIGESTA"

Inferioridade

A mulher pode ser definida como um homem inferior.

ARISTÓTELES

Nós ocupamos o último lugar na espécie humana e somos a sua parte mais fraca; as funções mais baixas são e serão sempre as nossas.

SRA. PAN HO-PAN

A mulher não é um ser inferior, o homem é que é um ser superior.

FRANÇOISE PARTURIER, *CHRONIQUES*

Inferno

A maioria das mulheres vai para o inferno.

HADITH MUSLIM

Inimizade

É mais fácil reconciliar a Europa inteira do que duas mulheres.

LUÍS XIV

Os homens entre si são naturalmente indiferentes, as mulheres são, por índole, inimigas. [...] Salta aos olhos que num primeiro encontro duas mulheres têm mais embaraço, dissimulação e reserva do que teriam dois homens em caso idêntico. Pela mesma razão os cumprimentos entre mulheres parecem mais ridículos do que entre homens.

SCHOPENHAUER, *ENSAIO SOBRE AS MULHERES*

Uma mulher nunca deseja mal a seus inimigos, mas o pior.

KORNEL MAKUSZYNSKI, *SOBRE MULHERES*

A mulher é inimiga do espírito, seja que dê, seja que recuse o amor. Inimiga natural e necessária; e mesmo o melhor inimigo do espírito.

PAUL VALÉRY, *PENSAMENTOS MAUS E OUTROS*

Injúria

Aquele que para um só dia de injuriar as mulheres é um coitado que merece ser chamado de bobo.

EURÍPIDES

Inspiração

São as mulheres que nos inspiram às grandes coisas que elas próprias nos impedem de realizar.

ALEXANDRE DUMAS

Para cada mulher que nos inspira a fazer algo de bom, há cem que nos fazem cometer idiotices.

NAPOLEÃO I

Se o idealismo da mulher fosse por si só inspirador, então a mulher inspiradora seria aquela a quem o homem é unido para toda a vida. Mas a vida conta uma estória diferente. É somente por uma relação negativa com ela que o homem se torna produtivo em seus esforços idealísticos. [...] Ou será que alguém já ouviu falar de algum homem que se tornou um poeta através de sua esposa? Enquanto o homem não a possuir, ela o inspira.

KIERKEGAARD, *O BANQUETE*

Instrução

Uma mulher estudando as escrituras indica confusão no reino.

MAHABARATA

É preferível que a Torá seja lançada ao fogo do que aprendida por mulheres.

TALMUDE

Quero que da ignorância ela seja a obra-prima,
E que não saiba até mesmo o que é uma rima;
E se por sua vez, no jogo de cestinha,
Vierem lhe perguntar: "Em inha que continha?"
Eu quero que responda: "Um prato de mingau".

MOLIÈRE, *ESCOLA DE MULHERES*

Não é muito honesto, e por várias causas
Que uma mulher estude e saiba tantas coisas.[...]
Davam os nossos pais provas cabais de siso
Ao dizer que a mulher já sabe o que é preciso,
Quando nela a aptidão da inteligência se alça
A saber distinguir um gibão de uma calça.

IDEM, *AS SABICHONAS*

De que serve tanta ciência para um cérebro de mulher! Quer se verta o oceano inteiro ou um copo d'água pela fenda de uma agulha, por ela passará sempre uma gota d'água apenas.

JULES RENARD

Qualquer homem sente-se mais satisfeito quando lhe servem um belo jantar em sua mesa do que quando sua mulher fala grego.

SAMUEL JOHNSON

O forte da mulher não é saber, mas sentir. Saber as coisas é ter conceitos e definições, e isto é trabalho do macho [...] através do qual a mulher realiza sua genuína colaboração com a história.

JOSÉ ORTEGA Y GASSET, *ESTUDIOS SOBRE EL AMOR*

Inteligência

A diferença fundamental entre as faculdades intelectuais de ambos os sexos é folgadamente comprovada pelos resultados obtidos, sempre superiores nos homens, seja qual for o nível de dedicação, tanto quando eram requeridos sagacidade, razão e imaginação, ou o mero uso dos sentidos e das mãos.

CHARLES DARWIN, *A ORIGEM DO HOMEM E A SELEÇÃO COM RELAÇÃO AO SEXO*

Uma mulher que exerce sua inteligência torna-se feia, boba e macaca.

PIERRE-JOSEPH PROUDHON, *A PORNOCRACIA OU AS MULHERES NOS TEMPOS MODERNOS*

Mulheres não possuem inteligência, sabem disso e não têm a menor vergonha em admiti-lo.

HENRY MILLER

Quanto mais nobre e perfeita é uma coisa, tanto mais lenta e tardiamente se desenvolve. A razão e a inteligência do homem só atingem completo desenvolvimento aos vinte e oito anos; na mulher, a maturidade do espírito dá-se aos dezoito anos. Por isso só tem uma razão de dezoito anos estritamente medida. É esse o motivo por que as mulheres são toda a vida verdadeiras crianças. Só veem o que têm diante dos olhos, só pensam no presente, tomando a aparência pela realidade e preferindo as ninharias às coisas mais importantes. O que distingue o homem do animal é a razão; chegado ao presente, lembra-se do passado e pensa no futuro: daí a sua prudência, os seus cuidados, as suas frequentes apreensões. A razão débil da mulher não participa nem dessas vantagens nem desses inconvenientes; sofre de uma miopia intelectual que lhe permite, por uma espécie de intuição, ver de uma maneira penetrante as coisas próximas; o seu horizonte, porém, é limitado, escapa-lhe o que está distante.

SCHOPENHAUER, *ENSAIO SOBRE AS MULHERES*

Amar as mulheres inteligentes é um prazer de pederasta.

BAUDELAIRE, *JOURNAUX INTIMES*

Uma mulher que se crê inteligente exige os mesmos direitos que os homens. Uma mulher que é inteligente renuncia a eles.

COLETTE

Apesar de mulher, ela [a ministra do Trabalho Dorothéa Werneck] é muito inteligente.

MÁRIO AMATO

A superioridade intelectual do macho em nada as impressiona, pois não têm o menor orgulho em questões de inteligência.

ESTHER VILAR

Intriga

Toda mulher que se mete voluntariamente em assuntos acima do seu conhecimento e além dos limites do seu dever é uma intrigante.

MARIA ANTONIETA, *CORRESPONDÊNCIA*

Intuição

O que chamam de intuição feminina é simplesmente a transparência masculina.

GEORGE JEAN NATHAN

A intuição das mulheres é o resultado de milhões de anos sem pensar.

R. HUGHES

A intuição é aquele estranho instinto que permite a uma mulher saber que está certa, esteja ela ou não.

HELEN ROWLAND

Inventoras

Já vimos mulheres muito sábias, como também guerreiras, mas nunca houve inventoras.

VOLTAIRE, *DICIONÁRIO FILOSÓFICO*

As mulheres são, em média, menos criativas. Isso explica por que são os homens os responsáveis por praticamente todas as grandes invenções, descobertas e inovações humanas. Os homens quase sempre iniciam algo; as mulheres quase sempre os imitam. Os homens inventaram o impressionismo e, depois, uma ou duas pintoras os imitaram. Os homens construíram e dirigiram carros, depois as mulheres quiseram dirigir também. Os homens inventaram os computadores e as mulheres aprenderam a usá-los. Os homens lutaram para ter direito ao voto. As mulheres ficaram com inveja e fizeram a mesma reivindicação.

MARTIN VAN CREVELD, *VEJA*, *1/10/2003*

Islã

Os homens têm autoridade sobre as mulheres pelo que Deus os fez superiores a elas e porque gastam de suas posses para sustentá-las.

ALCORÃO

Se a conduta de uma mulher é perniciosa ou imodesta, o marido tem o direito de espancá-la, mas sem quebrar-lhe os ossos. Ela não pode permitir que alguém entre em casa se seu marido não gosta desse alguém.

HADITH TIRMZI

Vossas mulheres são vosso campo a lavrar. Lavrai vosso campo quando o desejardes.

ALCORÃO

Rebelai-vos contra as mulheres e assim servireis mais a Alá. O jovem que entregar as rédeas às mulheres deve abandonar a esperança de elevar-se. Elas o impedirão de buscar coisas elevadas, ó Excelso, e o privarão de mil anos de estudo da ciência e da sabedoria.

AS MIL E UMA NOITES

Alguns dos velhos pios (que Deus esteja contente com eles) disseram que a mulher só deve deixar sua casa em três ocasiões: quando é conduzida à casa do marido, na morte de seus pais, e quando vai para o próprio túmulo.

IBN AL-HAJJ, *AL-MADKHAL*

As crianças a quem as mães não dão de mamar no seio, arriscam-se mil vezes mais que as outras a se tornarem homossexuais.

AIATOLÁ MONTAZZERI

J

Jesus

Toda mulher que se fizer homem entrará no Reino dos Céus.

EVANGELHO DE TOMÉ

Jiu-jítsu

O aluno inteligente dá mais trabalho para aprender jiu-jítsu, porque fica pensando antes de fazer o golpe. Uma criança, uma moça, um burro vão aprender mais depressa do que o inteligente.

HÉLIO GRACIE, *VEJA*, 26/12/2001

Judaísmo

Bendito és tu, senhor nosso Deus, por não ter me feito mulher.

PRECE MATINAL JUDAICA

Uma filha, para o seu pai, é um tesouro sem valor, pois o receio por ela não o deixa dormir à noite. [...] Quando ela é uma criança, por medo de que seja seduzida; quando ela é uma jovem, por medo de que seja culpada de imoralidade sexual; quando ela é adulta, por medo de que não se case;

quando casada, por medo de que não tenha filhos; quando velha, por medo de que pratique bruxaria.

TALMUDE

Justiça

Também as mulheres juram falso perante a justiça mais frequentemente do que os homens, e seria um caso para tratar, saber se se deve admiti-las a prestar juramentos.

SCHOPENHAUER, *ENSAIO SOBRE AS MULHERES*

É preciso confessar que a mulher não possui em alto grau o senso da justiça [...]; o sentimento de equidade, de fato, resulta de uma elaboração da vontade e indica as condições nas quais se permite que essa vontade se exerça. Dizemos que as mulheres têm menos interesses sociais que os homens e que entre elas a faculdade de sublimar os instintos torna-se mais débil.

FREUD, *A FEMINILIDADE*

Juventude

A mulher aceitará qualquer marido, mas uma jovem é melhor que outra.

ECLESIÁSTICO

Todas as mulheres são mais jovens que suas amigas.

SOFOCLETO, *SILOGISMOS*

Os rapazes mais jovens exageram muito a diferença entre uma garota e outra.

BERNARD SHAW

L

Lascívia

A lascívia multímoda dos homens leva-os a um só pecado, mas a lascívia unívoca das mulheres as conduz a todos os pecados; pois que a raiz de todos os vícios da mulher é a cobiça.

CÍCERO

Leis

Uma mulher legisladora é tão incompreensível quanto um homem ama-seca.

PROUDHON

Geralmente os homens são mais respeitadores da lei que as mulheres. As mulheres têm a sensação de que, como não fizeram as leis, não têm a obrigação de respeitá-las.

DIANE JOHNSON

Eu não cometi crime nenhum. Tudo o que eu fiz foi não respeitar a lei.

JENNIFER LOPEZ

Leite

A mulher é, de muitas formas, privada da posse do próprio corpo. Até o seu leite pertence ao seu marido.

HADITH BOKHARI

Lesbianismo

Conheci poucas lésbicas com quem eu pudesse conversar por mais de cinco minutos sem deparar com algum cansativo obstáculo de ressentimento ou ideologia.

CAMILLE PAGLIA, *VAMPS AND TRAMPS*

Idealismo visionário é uma forma de arte masculina. A esteta lésbica não existe. Mas se houvesse uma, ela teria aprendido com a perversa mente masculina.

IDEM, *SEXUAL PERSONAE*

Garotas que transam de primeira são piranhas. As que não fazem isso são *direitas*. Que maneira antiga de ver as coisas. Se cruzar com uma garota que não vá logo para a cama com você, isso não quer dizer que ela seja careta. É bem provável que seja lésbica.

FRAN LEBOWITZ

Liberação

Basta uma mulher ser sexualmente dadivosa para se achar uma mulher liberada.

MILLÔR FERNANDES

Liberdade

Mulheres livres não são mulheres.

COLETTE, *CLAUDINE À PARIS*

Barbeiro é como mulher: você não pode lhe dar muita liberdade.

CIRO PELLICANO, *A ÚLTIMA COISA QUE EU PRETENDO FAZER NA VIDA É MORRER*

Linguagem

Entendemos as mulheres como se entende a linguagem dos pássaros: por intuição ou de jeito nenhum.

HENRI FREDERIC AMIEL

Lógica

Existem três coisas que jamais consegui compreender: o fluxo e refluxo das marés, o mecanismo social e a lógica feminina.

JEAN COCTEAU

Loucura

Frequentemente a mulher varia
E bem louco é quem nela confia.

FRANCISCO I

Se, porventura, alguma mulher meter na cabeça a ideia de passar por sábia, só fará mostrar-se duplamente louca, procedendo mais ou menos como quem tentasse untar um boi, malgrado seu, com o mesmo óleo com que costumam ungir-se os atletas.

ERASMO DE ROTERDÃ

Loura burra

Existem mulheres que são uma beleza, mas quando abrem a boca, hum, que tristeza.

Não é o seu hálito que apodrece o ar, o problema é o que elas falam que não dá pra aguentar.

Nada na cabeça, personalidade fraca, tem a feminilidade e a sensualidade de uma vaca.

Produzidas com roupinhas da estação, que viram no anúncio da televisão. Milhões de pessoas transitam pelas ruas, mas conhecemos facilmente esse tipo de perua, bundinha empinada pra mostrar que é bonita e a cabeça parafinada pra fica igual paquita.

Lôrabúrra,
Lôrabúrra
Lôrabúrra,
Lôrabúrra,

Elas estão em toda parte desse Rio de Janeiro e às vezes me interrogo se elas estão no mundo inteiro, a procura de carro, a procura de dinheiro, o lugar dessas cadelas era mesmo num putero. Quando só se preocupam em chamar a atenção, não pelas ideias, mas pelo burrão, não pensam em nada, só querem badalar, está na moda tirar onda, beber e fumar.

Cadelinhas de boate ou ratinhas de praia, apenas os otários aturam a sua laia e enquanto o *playboy* te dá dinheiro e atenção, eu só saio com você se for pra ser o Ricardão.

Lôrabúrra
Lôrabúrra
Lôrabúrra
Lôrabúrra
Não eu não sou machista, exigente talvez, mas eu quero mulheres inteligentes, não vocês!
Vocês são o mais puro retrato da falsidade, desculpa amor mas eu prefiro mulher de verdade...
Ai! Você é medíocre e ainda sim orgulhosa, Lôrabúrra, é mole, não está com nada e está prosa.
O seu jeito forçado de falar é deprimente, já entendi o seu problema, você está muito carente.
Mas eu só vou te usar, você não é nada para mim [...]
Pra que dar atenção a quem não sabe conversar, pra falar sobre o tempo ou sobre como estava o mar.
Não, eu prefiro dormir, sai daqui.
Ham! Eu fui bem claro, mas vou repetir, é pra você me entender, vou ser até mais direto: Lôrabúrra, você não passa de mulher objeto.

GABRIEL, O PENSADOR, "LÔRABÚRRA"

Eu não sou loura burra. Até porque sou morena.

MONIQUE EVANS, *VEJA*, 05/07/2000

Gostaria de viajar pra Europa, talvez Miami.

CARLA PEREZ

M

Macaco

Há sempre um macaco na mais bela e angelical das mulheres.

BALZAC, *OUTRO ESTUDO SOBRE A MULHER*

A mulher só pode ser superior como mulher; quando tenta imitar o homem, não passa de um macaco.

JOSEPH DE MAISTRE, *LETTRE À CONSTANCE DE MAISTRE*

Machismo

A concepção que têm do machismo as chamadas feministas não é a mesma em todas elas [...] Há feministas que querem é ser homens, o que as define logo de cara como machistas frustradas. Outras reafirmam sua condição de mulher com uma conduta que é mais machista que a de qualquer homem.

GABRIEL GARCÍA MÁRQUEZ

Macho: uma palavra que diz tudo o que se pode dizer sobre um verdadeiro homem.

CARMEN MIRANDA

Todo mundo com tanto medo de ser chamado de machista que já tem até feminista fingindo feminilidade.

MILLÔR FERNANDES

Os machos são robustos, imaginativos, inteligentes, enquanto as mulheres são frágeis, tolas e sem imaginação.

ESTHER VILAR

Minha mãe me criou para ser machista, minha noiva me criou para ser machista, minha mulher, minha cidade, minha época, todas me criaram para ser machista. O que vocês queriam que eu fosse? Feminista?

ZIRALDO

Mãe

De todos os direitos da mulher, o maior é o de ser mãe.

LIN YUTANG

Os filhos acreditam na virtude de sua mãe. As filhas também, porém menos.

ANATOLE FRANCE

Como disse a mãe pragmática: — Minha filha, você tem que dar certo.

CIRO PELLICANO, *A ÚLTIMA COISA QUE EU PRETENDO FAZER NA VIDA É MORRER*

A meta da educação feminina há de ser, invariavelmente, a de futura mãe.

ADOLF HITLER, *MINHA LUTA*

Para meu constrangimento, já nasci na cama com uma mulher.

WILSON MIZNER

Os melhores costureiros, cabeleireiros, decoradores e cozinheiros são homens. Suspeito que, se fosse biologicamente possível, os homens também dariam melhores mães.

IDA ALEXA ROSS WYLIE

A mãe é o pior inimigo do homem.

ZIRALDO

Habitualmente a mãe ama, em seu filho, mais a si mesma do que ao próprio filho.

NIETZSCHE, *HUMANO, DEMASIADO HUMANO*

Minha mãe era a minha cara.

WALDICK SORIANO

Para que você precisa de mulher, meu filho, se você já nasceu?

PASCHOAL CARLOS MAGNO

Mãe solteira

As mães solteiras que têm direito a uma pensão judicial devem ser capazes de alguma outra forma de trabalho.

AL CAPP

Eu sou totalmente a favor da mãe solteira — porque também sou frontalmente contra o pai casado.

MILLÔR FERNANDES, *A BÍBLIA DO CAOS*

Magreza

A mulher do vizinho é sempre mais magra do que a nossa.

MILLÔR FERNANDES, *LITERATURA COMENTADA*

Toda vez que eu vejo, na televisão, estas pobres crianças morrendo de fome no mundo, eu não consigo segurar o choro. Quero dizer, eu gostaria de ser tão magra quanto elas, mas sem todas aquelas moscas, a morte e todo o resto.

MARIAH CAREY

Mal

A mulher é um mal necessário.

AULO GÉLIO, *NOITES ÁTICAS*

Belo mal, disfarçado de bem.

HESÍODO, DEFININDO A MULHER NA *TEOGONIA*

Menos mal te fará um homem que te persiga, do que uma mulher que te siga.

GRACIÁN, *EL CRITICÓN*

A mulher sabe instintivamente o que é bom e o que é mal. Isso não as impede de fazer o mal com uma vergonha deliciosa.

WOLINSKI, *A MORAL*

Preferiria desposar uma mulher pequena a uma grande, porque de dois males, é preciso escolher o menor.

JEAN-LOUIS COMMERSON

Maldade

Toda maldade é pequena se comparada à maldade da mulher: que a sorte do pecador recaia sobre ela!

ECLESIÁSTICO

Afinal, se a natureza fez-nos a nós, mulheres, de todo incapazes para as boas ações, não há, para a maldade, artífices mais competentes do que nós.

EURÍPIDES, *MEDEIA*

Ó! Mal pior que todos os males, o da mulher perversa, seja rica ou seja pobre. Pois se é mulher de um homem rico, não cessa, noite e dia, de excitá-lo com picardias, usando de adulações maléficas e de importunações violentas. Mas se é mulher de homem pobre, não cessa de instigá-lo ao ódio e à briga. E se é uma viúva, aonde vai fica a desprezar a todos, inflamada em sua astúcia pelo espírito do orgulho.

SÃO JOÃO CRISÓSTOMO

As mulheres, quando levadas por mal, são más, e se por bem, piores, e de maneira alguma se deixam conhecer.

MATEO ALEMÁN, *GUZMÁN DE ALFARACHE*

Maldição

Para a mulher Deus disse: "Multiplicarei os sofrimentos de tua gravidez. Entre dores darás à luz os filhos, a paixão arrastar-te-á para o marido e ele te dominará".

GÊNESIS

À mulher Ele [Deus] infligiu nove maldições e morte: a carga do sangue da menstruação e o sangue da virgindade; a carga da gravidez; a carga do parto; a carga de criar os filhos; sua cabeça é coberta como alguém de luto; ela perfura sua orelha como um escravo permanente ou escrava que serve o amo; ela não tem crédito como testemunha; e depois de tudo isso — morte.

TALMUDE

Maquiagem

Ouvi falar também, e muito, de como você se pinta. Deus lhe deu uma cara e você faz outra. E você ondula, você meneia, você cicia, põe apelidos nas criaturas de Deus, e procura fazer passar por inocência a sua volúpia. Vai embora — chega — foi isso que me enlouqueceu.

SHAKESPEARE, *HAMLET*

Marina, morena Marina, você se pintou,
Marina, você faça tudo mas faça o favor,
Não pinte esse rosto, que eu gosto, que eu gosto e que é só meu,
Marina, você já é bonita com que Deus lhe deu.
Me aborreci, me zanguei, já não posso falar,

E quando eu me zango, Marina, não sei perdoar.
Eu já desculpei muita coisa, você não arranjava outro igual.
Desculpe, Marina morena, mas eu estou de mal.

DORIVAL CAYMMI, "MARINA"

Máquinas de procriar

Na França as mulheres gozam de excessiva consideração: elas não devem ser olhadas como iguais aos homens; não são, na realidade, mais do que máquinas de procriar.

NAPOLEÃO I

Como as mulheres são criadas unicamente para a propagação da espécie e como toda a sua vocação se concentra nesse ponto, vivem mais para a espécie que para os indivíduos, e tomam mais a peito os interesses da espécie que os dos indivíduos. É o que dá a todo o seu ser e ao seu procedimento uma certa leviandade e opiniões opostas às dos homens: donde procede essa desunião tão frequente no casamento, que já se tornou quase normal.

SCHOPENHAUER, *ENSAIO SOBRE AS MULHERES*

As mulheres tornam-se cada dia mais histéricas e menos adequadas para a sua missão primeira e última, que é a de pôr no mundo filhos sadios.

NIETZSCHE, *ALÉM DO BEM E DO MAL*

O homem é uma máquina tão complicada que por vezes não se pode compreendê-la, sobretudo se esse homem é uma mulher.

DOSTOIÉVSKI

Uma verdadeira família cristã, para respeitar os votos divinos, não deveria ter menos que quinze filhos, dos quais pelo menos doze vivos.

ABADE NIOLET, *NOUVEAUX SERMONS POUR LES JEUNES ÉPOUX*

A constituição delicada das mulheres é perfeitamente apropriada à sua finalidade principal, a de fazer filhos.

MIRABEAU

Marido

O esposo, acorrentado pelos filtros da mulher, ou então preocupado com os filhos por necessidade natural, não é mais o mesmo para os outros, mas se torna, contra a sua vontade, um outro homem, um escravo em lugar de um homem livre.

FÍLON DE ALEXANDRIA, *APOLOGIA DOS JUDEUS*

Teu marido é teu senhor, tua vida, teu guardião, tua cabeça, teu soberano; é quem cuida de ti, quem se ocupa de teu bem-estar. [...] A mulher tem as mesmas obrigações em relação ao marido do que um súdito em relação ao príncipe. E mostrando-se indomável, mal-humorada, intratável, desaforada e desobediente às suas legítimas ordens, não passa de uma rebelde, uma vil litigante, culpada do delito de traição para com seu senhor bem-amado. Causa-me vergonha ver as mulheres declararem, ingênuas, a guerra, quando deveriam implorar a paz; pretenderem o mando, a supremacia e o domínio estando destinadas a servir, amar e obedecer. Por que nossos corpos são tão delicados, frágeis e tenros, impróprios para as fadigas e agitações do mundo, a não ser porque a qualidade gentil de nosso espírito, de nossos corações, deve achar-se em harmonia com nosso exterior? Vamos, vamos, vermes impotentes e indóceis! Eu também tive um gênio tão difícil quanto os vossos, um coração tão altaneiro e, talvez, maiores motivos para opor uma palavra a outra palavra e mau humor por mau humor. Mas, agora, compreendo que nossas lanças não passam de frágeis caniços; nossa força, fraqueza, uma enorme fraqueza que, aparentando que somos os mais, provamos que somos os menos. Não vos mostreis, pois, orgulhosas, que de nada serviria, e ponde vossas mãos aos pés de vossos esposos em sinal de obediência. Se o meu mandar, minha mão está pronta, se isso lhe causar prazer.

SHAKESPEARE, *A MEGERA DOMADA*

Todas as mulheres fáceis dizem que seus maridos são difíceis.

SOFOCLETO, *SILOGISMOS*

Não está errado dizer-se que a mulher é a metade do homem; pois o homem casado é apenas meio homem.

ROMAIN ROLLAND

Os parentes da mulher, seja qual for a exibição de respeito pelos méritos e autoridade do seu marido, sempre o veem secretamente como um babaca, e com um sentimento próximo da piedade.

H. L. MENCKEN, *O LIVRO DOS INSULTOS*

Toda mulher respeita seu pai, mas sua visão do marido é misturada com o desprezo, porque só ela sabe dos óbvios estratagemas que usou para capturá-lo.

IDEM

Por que uma mulher dá duro durante dez anos para mudar os hábitos do seu marido e depois se queixa de que ele não é mais o homem com quem ela se casou?

BARBRA STREISAND

Se não houvesse maridos, quem sustentaria nossas amantes?

GEORGE MOORE

Masoquismo

Podemos chamar de masoquista ao homem que adota neuroticamente traços de comportamento feminino, mas isso não autoriza de forma alguma a designar como masoquista o mesmo comportamento na mulher, pois que nela é natural.

S. NACHT, *O MASOQUISMO*

Masturbação

Quanto mais conheço as mulheres, mais amo a minha mão.

ANÔNIMO

Às vezes uma mulher é um substituto conveniente à masturbação. Mas, claro, é preciso muita imaginação.

KARL KRAUSS, CITADO POR H. ZOHN, *KARL KRAUSS*

A respeito disso, é preciso notar que somente os machos jovens praticam a masturbação, e embora isso seja frequentemente contestado, acredito que tais vícios ocorrem apenas entre as mulheres mais másculas, e que são ausentes na natureza feminina.

OTTO WEININGER, *SEXO E CARÁTER*

O que eu gosto na masturbação é que você não tem que dizer nada depois.

MILOS FORMAN

Maturidade

Mulher de cinquenta anos, quem gosta é o Pitanguy.

CHICO ANYSIO

O homem que aos vinte anos não acredita na mulher, não tem coração; e o que continua acreditando nela aos quarenta anos, perdeu a razão.

NOEL CLARASÓ

O chato de transar com mulheres mais velhas é que elas levam muito mais tempo pra contar os seus desajustes sentimentais.

MILLÔR FERNANDES

Melindre

Quando entregamos a tutela de nossa casa para a mulher, reservando, porém, para nossa própria decisão algum ínfimo pormenor, julga estarmos manifestando para com ela grave falta de consideração e de confiança, julga estarmos incitando briga; a menos que rapidamente nos aconselhemos, resolvendo o problema, ela nos vai preparar veneno, vai consultar videntes e feiticeiros e acabar transformando-se numa bruxa.

TEOFRASTO, CITADO NO *MALLEUS MALEFICARUM*

A mulher nunca vê o que se faz por ela; ela vê apenas o que não se faz.

COURTELINE, *A PAZ EM CASA*

Quando um homem se interessa pelo corpo de uma mulher, ela o acusa de só se interessar pelo corpo dela. Mas, quando ele não se interessa pelo corpo dela, ela o acusa de só se interessar pelo corpo de outras mulheres.

P. J. O'ROURKE

Menopausa

A partir de certa idade, as mulheres não enganam mais seus maridos a respeito de suas regras.

GEORGES ELGOZY, *L'ESPRIT DES MOTS OU L'ANTIDICTIONAIRE*

Menstruação

A mulher que tiver o corrimento menstrual, ficará durante sete dias na impureza das regras. Quem a tocar, ficará impuro até à tarde. Tudo aquilo sobre que dormir ou estiver sentada durante as regras será impuro. Quem lhe tocar o leito, deverá lavar as vestes, tomar banho, e será impuro até à tarde. Quem tocar um móvel sobre o qual tiver sentado, deverá lavar as vestes, tomar banho, e será impuro até à tarde. Se o objeto tocado estiver sobre o leito ou sobre o assento em que esteve sentada, será impuro até à tarde. Se um homem dormir com ela, ficará contaminado com a impureza, e estará impuro durante sete dias, ficando impuro também o leito em que dormir.

LEVÍTICO

Não existe coisa alguma tão espantosa quanto o fluxo mensal das mulheres. O contato com ele azeda o vinho novo, colheitas tocadas por ele ficam estéreis, plantas morrem, sementes em jardins secam, os frutos das árvores caem, a superfície brilhante dos espelhos em que é meramente refletido torna-se opaca, o fio do aço e o cintilar do marfim são embotados, colmeias de abelhas morrem, até o bronze e o ferro ficam imediatamente enferrujados, e um fedor horrível empesteia o ar; prová-lo faz os cachorros ficarem loucos e infecta a mordida deles com um veneno incurável.

PLÍNIO, O VELHO, *HISTÓRIA NATURAL*

Nossos rabinos ensinaram: se uma mulher menstruada passar entre dois homens, se ela estiver no começo do seu período, matará um deles, e se estiver no final do seu período, causará discórdia entre eles.

TALMUDE

Ao contato desse sangue as plantações não germinam, o vinho azeda, a erva amarelece, as árvores perdem seus frutos, o ferro é comido de ferrugem e o cobre oxida. Se cães vierem a engoli-lo, ficam loucos. Mesmo a cola betuminosa, que não se deixa dissolver nem pelo ferro nem pela água, quando poluída por esse sangue, se desintegra.

SANTO ISIDORO DE SEVILHA, *ETIMOLOGIAS*

Mulher é um bicho tão ruim, que sangra todo mês mas não morre.

PÁRA-CHOQUE DE CAMINHÃO

Mentira

Só os médicos e as mulheres sabem o quanto a mentira é necessária aos homens.

ANATOLE FRANCE

É, portanto, a injustiça o defeito capital dos temperamentos femininos. Isto resulta da falta de bom senso e de reflexão que já frisamos, e o que agrava ainda este defeito é que a natureza, recusando-lhes a força, deu-lhes a astúcia, para lhes proteger a fraqueza: donde resulta a instintiva velhacaria e a invencível tendência para a mentira.

SCHOPENHAUER, *ENSAIO SOBRE AS MULHERES*

A mulher cujo comportamento indica que ela fará um escândalo se você lhe disser a verdade, merece ser tapeada.

FRAN LEBOWITZ

A mentira tem pernas curtas. E daí? A Elizabeth Taylor também tem, e continua enganando faz cinquenta anos.

CIRO PELLICANO, *A ÚLTIMA COISA QUE EU PRETENDO FAZER NA VIDA É MORRER*

Mickey

Acho as mulheres um saco. Sempre achei. Amo Mickey Mouse mais do que qualquer mulher que já conheci.

WALT DISNEY

Misoginia

Nunca diminuirá este meu ódio contra todas as mulheres
E em tempo algum eu cessarei de apregoá-lo,
Pois jamais elas deixarão de ser perversas.
Ou lhes ensinem a virtude, ou me permitam
Continuar a detestá-las para sempre!

EURÍPIDES, *HIPÓLITO*

Misógino: Homem que odeia as mulheres tanto quanto elas odeiam-se umas às outras.

H. L. MENCKEN

Pelo menos num ponto homens e mulheres concordam: não confiam nas mulheres.

IDEM

Moda

Uma mulher se enche tão depressa de um homem porque ele não se altera com a moda.

KORNEL MAKUSZYNSKI, *SOBRE MULHERES*

As mulheres se vestem do mesmo modo no mundo inteiro: para aborrecer outras mulheres.

ELSA SCHIAPARELLI

Modelo

Não me incomodo com quem me chama de burra. Me incomoda é me chamarem de gorda!

SABRINA SATO

Essa lesma sem escrúpulos merece ser morta a coices por um asno... e eu sou justamente a pessoa indicada para fazê-lo!

CLAUDIA SCHIFFER, SOBRE NAOMI CAMPBELL

O gênero que mais curto é a comédia. Eu estava lendo o livro do Jô, mas parei e agora vou começar *A divina comédia*.

SUSANA WERNER

ENTREVISTADOR: Qual país a convidou para desfilar?
KATE MOSS: Eu ainda não posso dizê-lo, mas em *avant-première*, eu posso lhe dizer que se trata de um país brasileiro que se encontra não muito longe daqui.

Minha vida deu uma guinada de 360 graus.

ADRIANE GALISTEU

Esse xampu tem Ph.D. balanceado.

LUCIANA GIMENEZ

Monogamia

Sob o ponto de vista racional, não se compreende o motivo por que, se uma mulher sofre de algum mal crônico, ou se não tem filhos, ou se está demasiado idosa, o marido não possa ter uma segunda. O que fez o sucesso dos mórmons foi justamente a supressão desta monstruosa monogamia. Concedendo à mulher direitos acima da natureza, impuseram-lhe igualmente deveres semelhantes, donde lhe provém uma infinidade de desgraças.

SCHOPENHAUER, *ENSAIO SOBRE AS MULHERES*

A monogamia é a arte de sonhar com todas as mulheres menos uma.

SOFOCLETO, *SILOGISMOS*

A monogamia deixa muito a desejar.

ANÔNIMO

A monogamia é uma violência contra a natureza do homem.

CIRO GOMES

Movimento feminino

Que seja dada a maior liberdade de ação e colocado o mínimo de obstáculos no caminho de todas as mulheres com disposição masculina que sentem uma necessidade física de se dedicar a ocupações masculinas e são fisicamente aptas a realizá-las. Mas a ideia de fazer um partido da emancipação, de almejar uma revolução social, precisa ser abandonada. Fora com todo o "movimento feminino", com sua anormalidade e artificialidade e erros fundamentais!

OTTO WEININGER, *SEXO E CARÁTER*

O melhor movimento feminino ainda é o dos quadris.

MILLÔR FERNANDES

Mulata

Mulata é como macumba, todo mundo gosta, mas ninguém assume.

OSVALDO SARGENTELLI

Branca para casar, mulata para f..., negra para trabalhar.

ANTIGO ADÁGIO POPULAR

Mulher

Que há de ser a mulher senão uma adversária da amizade, um castigo inevitável, um mal necessário, uma tentação natural, uma calamidade desejável, um perigo doméstico, um deleite nocivo, um mal da natureza, pintado de lindas cores.

Portanto, sendo pecado divorciar-se dela, conviver com ela passa a ser tortura necessária: ou cometemos o adultério, repudiando-a, ou somos obrigados a suportar as brigas diárias.

SÃO JOÃO CRISÓSTOMO

Que vem a ser a mulher? Vergonha do homem, fera insociável, preocupação constante, combate sem tréguas, dano cotidiano, casa da tempestade, obstáculo à boa previdência, naufrágio do homem incontinente, vaso de adultério, guerra contínua, animal péssimo, serpente insaciável, escravidão humana.

DE UM DOCUMENTO DOS JURISCONSULTOS DE PÁDUA, SÉC. XI

Podes definir ou saber o que é uma mulher? É lama resplandecente, rosa fedorenta, doce veneno, sempre inclinada ao que lhe é proibido.

Mulher é pedra de extrema dureza, piche, espinheiro cerval, cardo áspero, esmeril pegajoso, vespa que aferroa, urtiga que queima.

Eis que a mulher é a cabeça do pecado, arma do diabo, expulsão do paraíso, mãe da culpa, corrupção da antiga lei.

SALIMBENE

Mulher: animal que vive geralmente nas proximidades do homem, tendo uma susceptibilidade rudimentar à domesticação. A espécie é a mais vastamente distribuída entre os animais de rapina, infestando todas as partes habitáveis do globo. A mulher é delicada em seus movimentos, onívora e pode ser ensinada a não falar.

AMBROSE BIERCE, *DICIONÁRIO DO DIABO*

Dá-se melhor com as mulheres aquele que sabe se dar bem sem elas.

AMBROSE BIERCE

A mulher é a loba da mulher.

TRISTAN BERNARD, *A VONTADE DO HOMEM*

Sabe o que é uma mulher? Quarenta quilos d'água, oito quilos de gordura, quatro quilos de cal, 127 gramas de açúcar e doze gramas de ferro.

ROLAND DORGELÈS

Ele está na minha vida porque quer
Eu estou pra o que der e vier
Ele chega ao anoitecer
Quando vem a madrugada, ele some
Ele é quem quer
Ele é o homem
Eu sou apenas uma mulher

CAETANO VELOSO, "ESSE CARA"

Mulher ideal

A mulher ideal é bonita, gostosa, boa de cama e à meia-noite vira uma pizza!

FRANK ZAPPA

A mulher ideal é aquela que não percebe os nossos defeitos.

MÁRIO DA SILVA BRITO, *DIÁRIO INTEMPORAL*

Para mim, a mulher ideal é a mulher camponesa, aquela dos velhos tempos, laboriosa, que serve os homens à mesa, não se senta nunca com eles e não fala.

JACQUES CHIRAC

A mulher ideal é sempre a dos outros.

STANISLAW PONTE PRETA

Música

Formosas Febes!
Florescei! Rutilai! Sede as modernas Hebes
Do sonho! A morte fuja a um riso que nos deis!
Inspirai-nos canções. Porém... não as julgueis!

EDMOND ROSTAND, *CIRANO DE BERGERAC*

Mulher é igual a música: depois que fica velha ninguém canta.

PÁRA-CHOQUE DE CAMINHÃO

N

Nada

Mulheres carecem totalmente de existência e de essência; elas não são, elas são nada. A humanidade existe como macho ou fêmea, como algo ou nada. A mulher não tem participação alguma na realidade ontológica, nem relação alguma com a coisa-em-si, que, na sua interpretação mais profunda, é Deus.

OTTO WEININGER

Namorada

Mulher namora duas vezes escondido:
Na primeira vez, do pai; na segunda, do marido.

PARA-CHOQUE DE CAMINHÃO

As namoradas duram o que duram, mas uma ex-namorada dura a vida inteira, e você pode trepar com ela sempre que quiser.

JAVIER, PERSONAGEM DO FILME *O OUTRO LADO DA CAMA*

Natureza

É lei da natureza que rios serpenteiam, árvores dão madeira, e, dada a oportunidade, mulheres produzem iniquidade.

SUTTA-PITAKA

Necessidade

Sirvo-me de uma mulher por necessidade, como nos servimos de uma privada para satisfazer uma necessidade diferente, mas sem conceder nunca a esse ser, que o meu dinheiro ou a minha força submetem aos meus desejos, nem estima, nem ternura.

MARQUÊS DE SADE, *OS INFORTÚNIOS DA VIRTUDE*

Considere a companhia de uma mulher como uma necessidade desagradável da vida e evite-a o máximo que puder.

LEON TOLSTÓI

Nirvana

Paixões passageiras, aversão, medo, repugnância e vários tipos de falsidade são impossíveis de erradicar das mentes das mulheres; para mulheres, consequentemente, não há nirvana. [...] Uma mulher pode ser pura na fé e até preocupada com o estudo dos sutras ou com a prática de um terrificante ascetismo; entretanto, no caso dela, mesmo assim não haverá dissolução de matéria cármica.

MAHAVIRA, *TATPARYA-VRITI*

Nossa Senhora

Disse-lhe Jesus: "Mulher, que tenho eu contigo?"

EVANGELHO DE JOÃO

Tenho grande apreço por Nossa Senhora. Aliás, sempre achei Nossa Senhora a coisa mais engraçadinha deste mundo.

VINICIUS DE MORAES

O

Obediência

As boas esposas são obedientes e guardam sua virtude na ausência de seu marido conforme Deus estabeleceu.

ALCORÃO

É evidente que a mulher por temperamento é destinada a obedecer. E a prova é que aquela que se acha neste estado de independência absoluta contrária ao seu temperamento se liga imediatamente a qualquer homem por quem se deixa dirigir e dominar, porque carece de um senhor. Se nova, arranja um amante; se velha, um confessor.

SCHOPENHAUER, *ENSAIO SOBRE AS MULHERES*

Objeto

A mulher é a porta do diabo, caminho da iniquidade, picadura de serpente. Numa palavra, um objeto perigoso.

SÃO JERÔNIMO

Opinião

Uma mulher que insiste em pedir a vossa opinião, quase sempre procura confirmar a dela.

MADAME DE MAINTENON, *CORRESPONDÊNCIA*

Orgasmo

As mulheres são umas chatas. A gente leva pra passear, leva pra dançar, leva ao zoológico, leva ao cinema e, mesmo assim, elas vivem reclamando que nós nunca as levamos a esse tal de orgasmo.

ANGELI

P

Pai

O pai deve ser mais amado que a mãe, uma vez que ele é o princípio ativo da geração, enquanto que a mãe é apenas o princípio passivo.

SÃO TOMÁS DE AQUINO

Paixão

Não te deixes prender pela beleza da mulher, não te apaixones por uma mulher.

ECLESIÁSTICO

O casamento destina-se à procriação, e, portanto, o homem que ama a esposa com muita paixão transgride o Bem do casamento e pode ser rotulado de adúltero.

SANTO AGOSTINHO

Papai-e-mamãe

A situação natural para o coito é que a mulher fique deitada de costas e receba sobre ela o seu marido. [...] Os que se afastam desse caminho devem ser severamente repreendidos e reconduzidos a ele sob pena de ter recusada a absolvição, pois essa infração da ordem natural é mais característica de prostituídas que de mulheres legítimas.

ABADE LOUVEL, *TRAITÉ DE CHASTETÉ*

Parto

Fala aos israelitas: Quando uma mulher conceber e der à luz um menino, ficará impura durante sete dias, como nos dias da menstruação. No oitavo dia o menino será circuncidado. A mãe ficará mais trinta e três dias em casa, purificando-se do sangue. [...] Se der à luz uma menina, ficará impura durante duas semanas, como na menstruação, e permanecerá em casa durante sessenta e seis dias, purificando-se do sangue.

LEVÍTICO

Assim como a formiga fêmea, depois da sua união com o macho, perde as asas que lhe seriam inúteis e até perigosas no período da incubação, assim a maior parte das mulheres, depois de dois ou três partos perde a beleza, naturalmente pela mesma razão.

SCHOPENHAUER, *ENSAIO SOBRE AS MULHERES*

Tudo na mulher é um enigma, e tudo na mulher tem uma só resposta: o parto.

NIETZCHE, *ASSIM FALOU ZARATUSTRA*

Patriarcado

O patriarcado, rotineiramente culpado por tudo, produziu a pílula de controle da natalidade, o que fez mais pelas mulheres contemporâneas do que o próprio feminismo.

CAMILLE PAGLIA, *VAMPS AND TRAMPS*

Pecado

Foi pela mulher que o pecado começou, e é por causa dela que todos nós morremos.

ECLESIÁSTICO

Ao homem tudo, porque nada peca; à mulher nada, porque tudo peca.

PROVÉRBIO CIGANO

Pedestal

Tenho tendência a colocar minha mulher sob um pedestal.

WOODY ALLEN

Toda mulher deve ser colocada num pedestal para que a gente possa olhar bem as pernas dela.

JÔ SOARES, CITADO POR MARCELO DUARTE, *GUIA DOS CURIOSOS*

Pensão

Pensão judicial é um sistema pelo qual duas pessoas cometem um erro e uma delas continua a pagar por ele.

MARK TWAIN

Sustentar a mulher depois de desfeito o casamento é o mesmo que ficar pagando as prestações de um carro que caiu no precipício.

MILLÔR FERNANDES

Ninguém jamais levará as feministas a sério, nem pensará nas mulheres como iguais aos homens, enquanto elas não abrirem mão da pensão judicial.

NORMAN MAILER

Pensamento

A mulher, quando pensa sozinha, pensa mal.

PUBLÍLIO SIRO, *SENTENÇAS*

As mulheres são surpreendentes: ou não pensam em nada, ou pensam noutra coisa.

ALEXANDRE DUMAS

Os pensamentos das mulheres originam-se no abdômen e dirigem-se para cima, ao passo que os pensamentos dos homens originam-se na cabeça e dirigem-se para baixo.

ISADORA DUNCAN, CITADO POR LIN YUTANG, *COM AMOR E IRONIA*

Peruca

Ouvi-me, ó mulheres. Adultério é um pecado grave; mas aquela que usa cabelos falsos é culpada de outro ainda maior.

SÃO CIPRIANO

Peste

Não é possível viver com essas pestes;
Não é possível viver sem essas pestes.

ARISTÓFANES, *LISÍSTRATA*

As mulheres têm sido a peste de minha vida — amo-as, mas não as estimo muito.

JOSÉ BONIFÁCIO, *PROJETOS PARA O BRASIL*

Pior

Nada no mundo é pior que uma mulher, a não ser outra mulher.

ARISTÓFANES, *AS TESMOFÓRIAS*

Piscina

Mulheres são como piscinas: o custo da manutenção é muito elevado se comparado ao tempo que passamos dentro delas.

ADÁGIO POPULAR

Planta

Mulheres são certamente capazes de aprender, mas não foram feitas para as formas superiores de ciência, tais como filosofia e certos tipos de criatividade artística; estes requerem um ingrediente universal. Mulheres podem ter boas ideias e podem, é claro, ter bom gosto e elegância, mas falta-lhes talento para o ideal. Homens e mulheres diferem tanto quanto animais e plantas. Os homens correspondem aos animais, assim como mulheres correspondem às plantas, pois as mulheres se desenvolvem mais placidamente e sempre retêm a unidade informe e indeterminada de sentimento e emoção. Quando mulheres têm controle sobre o governo, o estado corre perigo, pois elas não agem de acordo com os padrões de universalidade, mas são influenciadas por inclinações e opiniões casuais.

HEGEL

Platão

Estais errado em permitir que as mulheres não sejam reguladas pelas leis [...] justo essa parte da raça humana propensa, por natureza, ao segredo e à ação furtiva por causa de sua fraqueza, a saber, o sexo feminino, foi deixado sem regulamento pelo legislador, o que é um grande erro [...] na proporção em que a natureza da mulher é inferior à do homem na capacidade para a virtude, nessa proporção a consequência de tal negligência é mais que duas vezes importante. [...] Mulheres estão acostumadas a mover-se sorrateiramente em locais escuros, e quando arrastadas para a luz exercem seus poderes máximos de resistência, tornando-se um problema para o legislador. Portanto, como eu disse antes, na maioria dos lugares elas não suportam que a verdade seja dita sem erguer um tremendo clamor.

PLATÃO, *LEIS*

Poder

Ora, é fácil de compreender que a moral, no amor, é um sentimento artificial, nascido do costume da sociedade e celebrado com muita habilidade e cuidado pelas mulheres, que visam a estabelecer seu império e tornar dominante o sexo que deveria obedecer.

ROUSSEAU

A Natureza deu tanto poder à mulher que a lei não pode se dar ao luxo de atribuir-lhe ainda mais poder.

SAMUEL JOHNSON

Poligamia

Salomão teve 700 esposas de categoria e 300 concubinas. Quando ficou velho, as suas mulheres lhe desviaram o coração, fazendo-o seguir deuses estranhos, de modo que seu coração já não pertenceu integralmente ao Senhor seu Deus, ao contrário de seu pai Davi.

REIS

Desposai tantas mulheres quantas quiserdes: duas ou três ou quatro.

ALCORÃO

Aquele a quem uma mulher não é castigo suficiente, merece várias.

PETRÔNIO

É ocioso disputar acerca da poligamia, visto que ela de fato existe em toda parte e apenas se trata de a organizar. Onde é que se encontram verdadeiros monógamos? Todos, pelo menos durante algum tempo, e a maior parte quase sempre, vivemos na poligamia. Se todo homem carece de várias mulheres, é perfeitamente justo que se encontre livre, e mesmo que seja obrigado a encarregar-se de umas poucas mulheres; estas voltarão assim ao seu verdadeiro papel, que é o de um ente subordinado, e ver-se-á desaparecer deste mundo a dama, esse monstro da civilização europeia e da tolice germano-cristã, com as suas ridículas pretensões ao respeito e à honra.

SCHOPENHAUER, *ENSAIO SOBRE AS MULHERES*

Política

Os Estados estão perdidos quando as mulheres governam os negócios públicos.

NAPOLEÃO I

Ponto G

O ponto G depende da minha conta bancária. Se estou com o bolso cheio, elas têm prazer rapidinho.

DICRÓ

Praga

Se fosse possível ter filhos de outro modo, não mais seriam necessárias as mulheres, e os homens estariam livres dessa praga!

EURÍPIDES, *MEDEIA*

Prazer

A produção de filhos é permitida no casamento, mas a manifestação do prazer sensual como as que se manifestam nos braços de uma prostituta são condenáveis numa esposa.

SÃO JERÔNIMO

As mulheres são os instrumentos intercambiáveis de um prazer sempre idêntico.

MARCEL PROUST

Preconceito

Se a senhora está mesmo disposta a se despir de todos os preconceitos, pode ir tirando a calcinha.

STANISLAW PONTE PRETA

Princípio

Há um princípio bom, que criou a ordem, a luz e o homem, e um princípio mau, que criou o caos, as trevas e a mulher.

PITÁGORAS

Enquanto indivíduo, a mulher é um ser mirrado e defeituoso, pois o princípio ativo na semente masculina tende à produção de uma aparência perfeita no sexo masculino; ao passo que a produção da mulher advém de um defeito no princípio ativo ou de alguma indisposição material, ou mesmo de influência externa.

SÃO TOMÁS DE AQUINO, *SUMA TEOLÓGICA*

Prodigalidade

Tudo quanto não é imediato, o passado e o futuro, atuam mais fracamente na mulher do que em nós: é também daí que parte a tendência muito frequente para a prodigalidade, e que por vezes chega a ser demência.

SCHOPENHAUER, *ENSAIO SOBRE AS MULHERES*

Custe o que custar! As mulheres adoram essa expressão.

CIRO PELLICANO, *A ÚLTIMA COISA QUE EU PRETENDO FAZER NA VIDA É MORRER*

Professora

Professora não é mal paga, é mal casada.

PAULO MALUF

Propriedade

Como pode a mulher possuir alguma coisa, se tudo o que é dela pertence ao seu marido? O que é dele é dele, e o que é dela também é dele [...] Suas economias e o que quer que ela encontre na rua, também são dele. Os artigos domésticos, até as migalhas de pão sobre a mesa, são dele. Se ela convidasse alguém à sua casa e alimentasse esse alguém, estaria roubando do marido.

TALMUDE

A melhor propriedade do homem é uma esposa amorosa.

ROBERT BURTON

Pretendeis a igualdade? Mas isso é uma loucura. A mulher é nossa propriedade, nós não somos propriedade dela. Ela nos dá os filhos e nós não lhos damos. Ela é, portanto, propriedade do homem como a árvore frutífera é propriedade do jardineiro.

NAPOLEÃO I

Prostituição

A prostituição é o estado habitual da mulher.

THÉOPHILE GAUTIER

A diferença entre o sexo pago e o sexo grátis é que o sexo pago costuma sair mais barato.

H. L. MENCKEN

Psicologia

Depois de trinta anos estudando a psicologia feminina, até hoje não encontrei resposta para a grande pergunta: o que, exatamente, elas querem?

FREUD

Em geral, pode-se dizer que a mentalidade feminina manifesta um caráter rudimentar, infantil ou primitivo; ao invés da sede por conhecimento, curiosidade; ao invés de juízo, prejuízo; ao invés de pensamento, imaginação ou sonho; ao invés de vontade, desejo.

EMMA JUNG, *ON THE NATURE OF THE ANIMUS*

As mulheres são os melhores psicanalistas... até que se apaixonam. A partir daí, são os melhores pacientes.

BEN HECHT

Puberdade

O princípio feminino, pois, nada é além de sexualidade; o princípio masculino é sexual e algo mais. Esta diferença pode ser observada no modo diferente em que homens e mulheres entram no período da puberdade. No caso do macho o início da puberdade é uma crise: ele sente que algo novo e estranho entrou no seu ser, que algo foi acrescentado às suas forças e sentimentos independente da sua vontade. O estímulo fisiológico à atividade sexual parece vir de fora do seu ser, parece independente da sua vontade, e muitos homens recordam o evento perturbador pelo resto das suas vidas. A mulher, por outro lado, não só não é perturbada pelo surgimento da puberdade, como sente que sua importância aumentou por causa dela. O macho, quando jovem, não anseia pelo início da maturidade sexual; a fêmea, desde garotinha, aguarda esse momento como se este fosse trazer-lhe tudo. A chegada do homem à maturidade é frequentemente acompanhada de sentimentos de repulsa e nojo; a fêmea jovem assiste ao desenvolvimento do seu corpo, à aproximação da puberdade, com excitação e impaciente deleite. É como se o início da puberdade fosse um acidente secundário no desenvolvimento normal do homem, enquanto no caso da mulher é a sua conclusão direta. Para poucos garotos próximos da puberdade a ideia de que vão se casar (de um modo geral, não com alguma garota em particular) não parece ridícula, enquanto a garotinha mais nova é invariavelmente entusiasmada e interessada na questão do seu casamento futuro. Por tais razões uma mulher atribui valor positivo apenas ao seu período de maturidade, no seu caso e no de outras mulheres; na infância e na velhice ela não tem verdadeira relação com o mundo. A memória de sua infância é para ela, mais tarde, somente a recordação da sua estupidez; e ela encara a aproximação da velhice com desgosto e aversão. As únicas lembranças verdadeiras da sua infância estão relacionadas a sexo, e essas se desvanecem no significado intensamente maior da sua maturidade. A saída de uma mulher da virgindade é o grande ponto divisor da sua vida, enquanto o evento correspondente no caso do homem tem muito pouco peso no transcurso de sua vida.

OTTO WEININGER, *SEXO E CARÁTER*

Pudor

Não há coisa que a mulher, quando perde o pudor, não faça.

TÁCITO

O pudor foi feito apenas para as feias; é uma invenção moderna e cristã.

THÉOPHILE GAUTIER, *MADEMOISELLE DE MAUPIN*

Putas

Mulheres que ganham a vida com o suor das próprias nádegas.

THYDE MONNIER, *ENTRE PARENTHÈSES*

Todas sois, sereis ou fostes
De fato ou de vontade, putas.

JEAN DE MEUNG, *LE ROMAN DE LA ROSE*

Toda mulher é, no fundo, uma vadia.

ALEXANDER POPE

Toda mulher da vida, quando murcha, vira puritana.

VICTOR HUGO, *RUY BLAS*

Por volta dos doze anos de idade, no máximo, a maioria das mulheres decidiu tornar-se prostituta. Ou, para colocar de outro modo, elas planejaram um futuro para si mesmas que consiste em escolher um homem e deixá-lo fazer todo o trabalho. Em troca do seu sustento, elas estão dispostas a deixá-lo fazer uso da vagina delas em determinados momentos.

ESTHER VILAR, *O HOMEM MANIPULADO*

Q

Qualidades

As qualidades mais preciosas, mais desejáveis numa mulher, são a doçura, a candura e a modéstia, três irmãs que devem ser sempre inseparáveis.

BARÃO DE MENGIN-FONDRAGON, *LETTRE À MA FILLE OU CONSEILS SUR L'ÉDUCATION*

Quimera

Ouçamos o que diz Valério a Rufino: "Tu não sabes que a mulher é a Quimera, embora fosse que o soubesses; pois aquele monstro apresentava três formas: a cabeça, nobre e radiante, era a de um leão; o ventre obsceno era o de uma cabra; e a cauda virulenta era a de uma víbora". Queria assim dizer que a mulher, embora seja bela aos nossos olhos, deprava ao nosso tato e é fatal ao nosso convívio.

HEINRICH KRAMER E JAMES SPRENGER, *MALLEUS MALEFICARUM*

R

Rádio

A diferença entre mulher e rádio: o rádio você liga para ele falar, a mulher você não liga para o que ela fala.

ADÁGIO POPULAR

Rebaixamento

Devemos levar em conta, nas nossas conclusões, o terrível poder de rebaixamento que se encontra na mulher.

FRANÇOIS MAURIAC, *L'ÉDUCATION DES FILLES*

Receita

As muito feias que me perdoem / Mas beleza é fundamental. É preciso / Que haja qualquer coisa de flor em tudo isso / Qualquer coisa de dança, qualquer coisa de *haute couture* / Em tudo isso (ou então / Que a mulher se socialize elegantemente em azul, como na / República Popular Chinesa). / Não há meio-termo possível. É preciso / Que tudo isso seja belo. É preciso que súbito / Tenha-se a impressão de ver uma garça apenas pousada e que um rosto / Adquira de vez em quando essa cor só encontrável no terceiro minuto da aurora. / É preciso que tudo isso seja sem ser, mas que se reflita e desabroche / No olhar dos homens. É preciso, e absolutamente preciso / Que seja tudo belo e inesperado. É preciso que umas pálpebras cerradas / Lembrem um verso de Eluard e que se acaricie nuns braços / Alguma coisa além de carne: que se toque / Como no âmbar de uma tarde. Ah, deixai-me dizer-vos / Que é preciso que a mulher que ali está como a corola ante o pássaro / Seja bela ou tenha pelo menos um rosto que lembre um templo e / Seja leve como um resto de nuvem: mas que seja uma nuvem / Com olhos e nádegas. Nádegas é importantíssimo. Olhos, então / Nem se fala, que olhem com certa maldade inocente. Uma boca / Fresca (nunca úmida!) e também de extrema pertinência. / É preciso que as extremidades sejam magras; que uns ossos / Despontem, sobretudo a rótula no cruzar das pernas, e as pontas pélvicas / No enlaçar de uma cintura semovente. / Gravíssimo e porém o problema das saboneteiras: uma mulher sem saboneteiras / É como um rio sem pontes. Indispensável / Que haja uma hipótese de barriguinha, e sem seguida / A mulher se alteie em cálice, e que seus seios / Sejam uma expressão greco-romana, mais que gótica ou barroca / E possam iluminar o escuro com uma capacidade mínima de cinco velas. / Sobremodo pertinaz e estarem a caveira e a coluna vertebral / Levemente a mostra; e que exista um grande latifúndio dorsal! / Os membros que terminem como hastes, mas que haja um certo volume de coxas / E que elas sejam lisas, lisas como a pétala e cobertas de suavíssima penugem / No entanto, sensível à carícia em sentido contrário. / E aconselhável na axila uma doce relva com aroma próprio / Apenas sensível (um mínimo de produtos farmacêuticos!). / Preferíveis sem dúvida os pescoços longos / De forma que a cabeça de por vezes a impressão / De nada ter a ver com o corpo, e a mulher não lembre / Flores sem mistério. Pés e mãos devem conter elementos góticos / Discretos. A pele deve ser fresca nas mãos, nos braços, no dorso e na face / Mas que as concavidades e reentrâncias tenham uma temperatura nunca inferior / A 37° centígrados, podendo eventualmente provocar queimaduras / Do primeiro grau. Os olhos, que sejam de preferência grandes / E de rotação pelo menos tão lenta quanto à da terra; e / Que se coloquem sempre para lá de um invisível muro de paixão / Que é preciso ultrapassar. Que a mulher seja em princípio alta / Ou, caso baixa, que tenha a atitude mental dos altos píncaros. / Ah, que a mulher dê sempre a impressão de que se fechar os olhos / Ao abri-los ela não mais estará presente / Com seu sorriso e suas tramas. Que ela surja, não venha; parta, não vá / E que possua uma certa capacidade de emudecer subitamente e nos fazer beber / O fel da dúvida. Oh, sobretudo / Que ela não perca nunca, não importa em que mundo / Não importa em que circunstâncias, a sua infinita volubilidade / De pássaro; e que acariciada no fundo de si mesma / Transforme-se em fera sem perder sua graça de ave; e que exale sempre / O impossível perfume; e destile sempre / O embriagante mel; e cante sempre o inaudível canto / Da sua combustão; e não deixe de ser nunca a eterna dançarina / Do efêmero; e em sua incalculável imperfeição / Constitua a coisa mais bela e mais perfeita de toda a criação inumerável.

VINICIUS DE MORAES, "RECEITA DE MULHER"

Pega-se manteiga, ovos e um pouco de queijo e faz-se o cabelo louro. (Quem preferir cabelos castanhos adicione um pouco de caviar do Báltico.) Com duas azeitonas gregas faz-se os olhos. Com um pouco de carne branca e duas xícaras de leite faz-se os seios. Com raspas de cenoura faz-se as unhas. Com ostras e grãos de romã faz-se o sexo. Coloca-se em leito morno e vai-se virando lentamente até atingir o ponto. Come-se com um pauzinho.

MILLÔR FERNANDES, *A BÍBLIA DO CAOS*

Não sei por que minha mulher tem um livro de receitas, se tudo que ela sabe fazer são despesas.

CIRO PELLICANO, *A ÚLTIMA COISA QUE EU PRETENDO FAZER NA VIDA É MORRER*

Peguei três xícaras de chá de castanha-do-pará. Você vê que estamos usando um ingrediente nosso, da nossa fauna.

ANA MARIA BRAGA

Reflexão

As mulheres adivinham tudo; elas só se enganam quando refletem.

ALPHONSE KARR, CITADO POR GABRIEL POMERAND, *LE PETIT PHILOSOPHE DE POCHE*

O espelho reflete sem falar e a mulher fala sem refletir.

CASSETA & PLANETA

Reinos

Se perquirirmos devidamente, descobriremos que quase todos os reinos do mundo foram derrubados por mulheres. Troia, cidade próspera, foi, pelo rapto de uma mulher, Helena, destruída e, assim, assassinados milhares de gregos. O reino dos judeus padeceu de muitos flagelos e de muita destruição por causa de Jezebel, a maldita, e de sua filha Atália, rainha de Judá, que causou a morte dos filhos de seu filho para que pudesse reinar; e cada um deles foi assassinado. O império romano sofreu penosamente nas mãos de Cleópatra, a rainha do Egito, a pior de todas as mulheres. E assim com muitas outras. Portanto, não admira que hoje o mundo padeça em sofrimentos pela malícia das mulheres.

HEINRICH KRAMER E JAMES SPRENGER, *MALLEUS MALEFICARUM*

Religião

É mulher. E para a mulher o amor é a verdadeira religião, o casamento a sua liturgia e o homem a humanização de Deus.

DIAS GOMES, *O SANTO INQUÉRITO*

Os curas se consolam de não serem casados quando ouvem as mulheres confessar-se.

ARMAND SALACROU, *UMA MULHER LIVRE*

Mulheres são essencialmente irreligiosas.

PAULO FRANCIS, *FOLHA DE S. PAULO*, 4/10/90

As superstições religiosas das mulheres perpetuam sua servidão mais que todas as outras influências adversas.

ELIZABETH STANTON

Renascença

O maior elogio possível que se pode fazer às celebridades femininas da época é dizer que elas eram como homens, no cérebro e na disposição.

JACOB BURCKHARDT, *A CULTURA DA RENASCENÇA NA ITÁLIA*

Renúncia

Enquanto o homem se torna um ser humano pela afirmação de si mesmo, a mulher o faz renunciando a si mesma.

GUIDA DIEHL

Respeito

Só respeitamos as mulheres que não desejamos.

ROLAND DORGELÈS

Todas as mulheres querem que as estimemos, importa-lhes bem menos que as respeitemos.

ALEXANDRE DUMAS

Há sempre um pouco de parvoíce em respeitar muito as mulheres.

GÉRARD DE NERVAL

S

Segredo

O único segredo que as mulheres guardam é aquele que elas ignoram.

SÊNECA

Seios

Cobri o seio. Eu não o quero olhar,
Pois estas coisas vis nos tiram de cuidados
E fazem cultivar pensamentos culpados.

MOLIÈRE, *TARTUFO*

— Sabe os motivos pelos quais os homens adoram a Gisele Bündchen?
— Sei-os.

CIRO PELLICANO, *A ÚLTIMA COISA QUE EU PRETENDO FAZER NA VIDA É MORRER*

Magnólias tropicais, frutos cheirosos
Das árvores do mal fascinadores,

Das negras mancenilhas tentadores,
Dos vagos narcotismos venenosos.

Oásis brancos e miraculosos
Das frementes volúpias pecadoras
Nas paragens fatais, aterradoras
Do Tédio, nos desertos tenebrosos.

CRUZ E SOUSA, *FARÓIS*

Uma mulher sem peito é como um leito sem travesseiro.

ANATOLE FRANCE

Senhorita

Título com que rotulamos mulheres não casadas para indicar que estão à venda.

AMBROSE BIERCE, *DICIONÁRIO DO DIABO*

Sereias

Mentirosas por natureza, o seu discurso a um só tempo nos aguilhoa e nos deleita. Pelo que sua voz é como o canto das Sereias, que com sua doce melodia seduzem os que se lhes aproximam e os matam. E os matam esvaziando as suas bolsas, consumindo as suas forças e fazendo-os renunciarem a Deus.

HEINRICH KRAMER E JAMES SPRENGER, *MALLEUS MALEFICARUM*

Mulher esbelta é sereia; mulher gorda é baleia.

PARA-CHOQUE DE CAMINHÃO

Sexo

Seria bom que o homem não tocasse mulher alguma.

PRIMEIRA EPÍSTOLA AOS CORÍNTIOS

Se um homem está com vontade de ter relações sexuais, a mulher precisa vir imediatamente, mesmo que esteja assando pão num forno comunitário.

HADITH TIRMZI

O ato do amor apresenta uma grande semelhança com a tortura ou com uma operação cirúrgica.

BAUDELAIRE, *MON COEUR MIS À NU*

Uma noite de amor dura um quarto de hora.

WOLINSKI

A condição de excitação sexual é o momento supremo da vida de uma mulher. A mulher é inteiramente dedicada a questões sexuais, ou seja, às esferas da geração e da reprodução. Suas relações com seu marido e seus filhos completam sua vida, ao passo que o macho é algo mais que sexual. [...] A fêmea, além do mais, está completamente ocupada e satisfeita com questões sexuais, enquanto homens se interessam por muito mais, por guerra e esporte, por questões sociais e festejos, por filosofia e ciência, por negócios e política, por religião e arte.

OTTO WEININGER, *SEXO E CARÁTER*

O sexo é o que restou da pré-história, do vil passado do homem.

NELSON RODRIGUES

O ato sexual é uma mijada.

IDEM

Como sexo as mulheres são insuportáveis. Mas na hora do sexo não tem nada melhor.

MILLÔR FERNANDES, *A BÍBLIA DO CAOS*

Silêncio

O homem admira a mulher não pelo que ela diz, mas pelo que ela ouve.

GEORGE JEAN NATHAN

O silêncio é a única coisa de ouro que as mulheres detestam.

MARY WILSON LITTLE

Sinceridade

Em sua maior parte as mulheres passam sem transição da hipocrisia ao cinismo. Bem poucas se detêm na sinceridade.

DANIEL STERN, *ESQUISSES MORALES ET POLITIQUES*

As mulheres mais jovens são incapazes de sentimentos sinceros. São as meninas da geração TV. Aprenderam sobre a vida com o Pernalonga.

PADDY CHAYEFSKY

Sócrates

Este Sócrates teve duas esposas e embora as suportasse com muita paciência, não conseguia livrar-se de suas contumélias e de suas vituperações clamorosas. Assim, certo dia, quando ambas dele se aproximaram a queixar-se, saiu e sentou-se diante da casa para escapar daquela amolação; mas as mulheres acabaram jogando-lhe por cima água suja. O filósofo, contudo, não se deixou abalar, dizendo: "Eu sabia que depois do trovão viria a tempestade".

HEINRICH KRAMER E JAMES SPRENGER, *MALLEUS MALEFICARUM*

Sogra

Todo homem detesta a própria sogra. Ela não apenas macaqueia a sua mulher, como antecipa o que a sua mulher provavelmente se tornará.

H. L. MENCKEN

Solidão

Deus criou o homem e, como não o achou suficientemente só, deu-lhe uma companheira para fazê-lo sentir melhor a sua solidão.

PAUL VALÉRY, *MORALITÉS*

Se você teme a solidão, não se case.

ANTON TCHEKHOV, *CADERNO DE ANOTAÇÕES*

Segundo o Gênesis, não é bom para o homem ficar sozinho. Mas, às vezes, é um alívio.

JOHN BARRYMORE

Minha mulher quer um solitário de presente (como se já não houvesse dois lá em casa).

CIRO PELLICANO, *A ÚLTIMA COISA QUE EU PRETENDO FAZER NA VIDA É MORRER*

Sombra

Uma mulher é como a vossa sombra. Correi atrás, ela vos foge; fugi dela, ela vos correrá atrás.

ALFRED DE MUSSET, *LA CONFESSION D'UN ENFANT DU SIÈCLE*

Sorte

É melhor ser impetuoso do que circunspecto, porque a sorte é mulher e, para dominá-la, é preciso surrá-la e contrariá-la.

NICOLAU MAQUIAVEL, *O PRÍNCIPE*

Submissão

Vós, também, ó mulheres, sede submissas aos vossos maridos.

PRIMEIRA EPÍSTOLA DE PEDRO

A mulher ouça a instrução em silêncio, com espírito de submissão. Não permito à mulher que ensine, nem que se arrogue autoridade sobre o homem, mas permaneça em silêncio. Pois, o primeiro a ser criado foi Adão, depois Eva. E não foi Adão que se deixou iludir, e sim a mulher que, enganada, se tornou culpada da transgressão. Contudo, ela poderá salvar-se, cumprindo os deveres de mãe, contanto que permaneça com modéstia na fé, na caridade e na santidade.

PRIMEIRA EPÍSTOLA A TIMÓTEO

Cada um com seus atributos e suas obrigações. Vossos atributos, minhas senhoras, são a beleza, a graça, a sedução. Vossas obrigações são a dependência e a submissão.

NAPOLEÃO I

Se o homem dissesse uma coisa e a mulher outra, a vida seria uma desgraça. Só o homem deve dizer algo, e a mulher se dispor a fazê-lo.

MAHATMA GANDHI

Sucesso

Um homem bem-sucedido é aquele que ganha mais dinheiro do que sua mulher consegue gastar. Uma mulher bem-sucedida é aquela que encontra esse homem.

LANA TURNER

Supermulher

Minha ideia de uma supermulher é aquela que esfrega o seu próprio chão.

BETTE MIDLER

T

Tabaco

Deus criou o homem, depois receou que ele se aborrecesse e deu-lhe a mulher. Pouco depois, tomado de remorso, Deus receou que ela aborrecesse o homem, e mandou para ele o tabaco.

MARK TWAIN

O tabaco mata. Se você morrer, você perdeu uma parte importante da sua vida.

BROOKE SHIELDS, NUMA ENTREVISTA SOBRE A CAMPANHA NORTE-AMERICANA CONTRA O TABAGISMO

Tagarelice

Como a ladeira arenosa para os pés de um velho, assim é a mulher faladeira para um marido tranquilo.

ECLESIÁSTICO

Tendo o Senhor dado à humanidade dez medidas de palavras, as mulheres tomaram nove.

TALMUDE

Ser mulher e ficar calada são duas coisas incompatíveis.

TIRSO DE MOLINA

Basta observar o que as ocupa e lhes atrai a atenção num concerto, na ópera ou no teatro, notar a sem-cerimônia com que, nas mais belas passagens das maiores obras-primas, continuam a sua tagarelice. Se é verdade os gregos não admitirem mulheres nos espetáculos, tinham muita razão; nos seus teatros podia-se pelo menos ouvir alguma coisa.

SCHOPENHAUER, *ENSAIO SOBRE AS MULHERES*

As mulheres não têm papel nos meus romances porque elas falariam o tempo todo e os outros não poderiam dizer mais nada.

JÚLIO VERNE

A língua é a espada da mulher, pois sua fraqueza física a impede de bater-se com os punhos, e sua fraqueza intelectual impulsiona-a a desistir de dar provas; só lhe resta, portanto, a abundância de palavras.

DR. P. J. MOEBIUS, *DA DEBILIDADE MENTAL FISIOLÓGICA NA MULHER*

Há dois anos que não falo com minha mulher. É para não interrompê-la.

JULES RENARD, *JOURNAL*

Era uma mulher excepcional: antes de falar, ela sabia o que queria dizer.

THOMAS HARDY

Minha mulher fala tanto que fico rouco só de ouvi-la.

HENNY YOUNGMAN

Tédio

Oh, que praga, que aborrecimento, que tédio é ter que tratar com elas por mais tempo que os breves instantes em que elas são boas para o prazer!

FRANCISCO DE QUEVEDO

Muitas pessoas, mulheres sobretudo, não sentem tédio, porque nunca aprenderam realmente a trabalhar.

NIETZSCHE, *HUMANO, DEMASIADO HUMANO*

Tênia

A mulher é uma asna doente, uma tênia medonha, o posto avançado do inferno.

SÃO JOÃO DAMASCENO

Teorema

O amor de um enamorado diminui na razão do cubo da distância que o separa de sua amada e do quadrado do tempo da ausência.

FRANCESCO ALGAROTTI, *NEWTONIANISMO PER LE DAME*

Terror

A emoção do terror é passiva, masoquista e implicitamente feminina. É submissão imaginativa à força superior dominante.

CAMILLE PAGLIA, *SEXUAL PERSONAE*

Trabalho

A sexualidade da mulher *é* destruidora do mundo tediosamente mecânico do trabalho diário, no qual eficiência significa uniformidade. Os problemas da entrada da mulher no esquema de carreiras se devem a mais do que machismo. Ela traz a natureza ao domínio social, o qual pode ser pequeno demais para contê-la.

CAMILLE PAGLIA, *VAMPS AND TRAMPS*

Por mim elas podem trabalhar onde quiserem, desde que eu encontre o jantar pronto quando chegar em casa.

JOHN WAYNE

Quando se vê com quem algumas mulheres se casaram, dá para entender como elas odeiam ter de trabalhar para viver.

HELEN ROWLAND

A mulher é um homem que não trabalha.

ESTHER VILAR

Tradução

Mulheres são como traduções: as bonitas não são fiéis, e as fiéis não são bonitas.

BERNARD SHAW

Tristeza

Que tristeza ser mulher!
Nada na terra vale menos.

Os rapazes são deuses caídos do céu. [...]
Mas ninguém se alegra quando nasce uma menina;
Para ela a família nada põe de parte.
Quando cresce, esconde-se em seu quarto,
Medrosa de olhar um homem de frente.
Ninguém chora quando a casa ela deixa,
Repentina como a nuvem quando a chuva cessa.

FU HSÜAN

V

Vacas

Ouvi esta palavra, vacas de Basã, que estais sobre o monte da Samaria, oprimindo os fracos, esmagando os pobres e dizendo aos vossos maridos: "Trazei-nos o que beber!".

AMÓS

Gatas, eis o que são sempre as mulheres. Gatas e pássaros. Ou quando convém, vacas! Elas são uma propriedade, um bem que é preciso guardar a chave, seres feitos para a domesticidade e que somente atingem sua perfeição em situação subalterna.

NIETZCHE

Depois de dez anos tentando, consegui engravidar quando descobri a mulherzinha parideira que havia em mim, quando me dei conta de que a reprodução era minha função maior, de que eu e uma vaca somos a mesma coisa.

MAITÊ PROENÇA, *VEJA*, 20/09/2000

Vagina

Não procederei à descrição dos órgãos femininos, pois eles são abomináveis.

LINEU, *HISTORIAE NATURALIS*

As mulheres não passam de órgãos genitais articulados e dotados da faculdade de gastar todo o dinheiro que possuímos.

WILLIAM FAULKNER, *MOSQUITOS*

Metaforicamente, toda vagina tem dentes secretos, pois o macho sai de lá menor do que quando entrou.

CAMILLE PAGLIA, *SEXUAL PERSONAE*

Há mulheres que nunca acham que nos lavamos o suficiente, enquanto elas próprias se esquecem de limpar aquilo que, sujo, pode fazer até o mais rampante dos touros se afastar bufando para uma meia distância.

GORE VIDAL, *LIVE FROM GOLGOTHA*

O que torna as mulheres vulneráveis é o sexo delas, esse grande orifício para dentro do qual até os insetos podem rastejar.

MADONNA

Vaidade

Disse o Senhor: Porque as filhas de Sião se exaltam e andam com o pescoço esticado, olhando de soslaio, caminham a passos miúdos e fazem soar as argolas em seus pés, o Senhor cobrirá de sarna a cabeça das filhas de Sião e descobrirá sua fronte. Naquele dia o Senhor retirará os adornos: argolas dos pés, diademas, lúnulas, brincos, braceletes, véus, turbantes, chocalhos, cintas, caixas de perfumes e amuletos; sinetes, anéis de nariz, vestidos finos, mantos, xales e bolsas, espelhos, túnicas, faixas de cabeça e mantilhas; e haverá podridão em lugar de bálsamo, corda em lugar de cinto, cabeça raspada em lugar de cabelos entrançados, veste de saco em lugar de túnica, e vergonha em lugar da formosura.

ISAÍAS

Cheira bem a mulher que não tem cheiro algum.

PLAUTO

Não há homem no mundo que tanto se dedique aos seus estudos para agradar a Deus quanto uma mulher se dedica a suas vaidades para agradar aos homens. Exemplo disso é encontrado na vida de Pelágia, a meretriz que se aproximou de Antíoco enfeitada e adornada da forma mais extravagante. Um santo padre, chamado Nono, viu-a e começou a chorar dizendo a seus companheiros que nunca, em toda a sua vida, se empenhara com tanta diligência em agradar a Deus; e tudo o que ainda disse dessa impressão acha-se preservado em suas orações.

HEINRICH KRAMER E JAMES SPRENGER, *MALLEUS MALEFICARUM*

A vaidade perde mais mulheres que o amor.

MADAME DU DEFFAND, *CORRESPONDÊNCIA*

Nunca é feliz com um vestido de chita a mulher que tem amigas com vestidos de seda.

CAMILO CASTELO BRANCO, CITADO POR MÁRIO DA SILVA BRITO, *CARTOLA DE MÁGICO*

A mulher é imbecil por natureza; parece que, para contrabalançar a eminente superioridade que suas delicadas percepções lhes dão a nosso respeito, o Céu propositalmente introduziu em seu coração uma vaidade cega, uma credulidade idiota. Talvez convenha, para apoderar-se desse ser tão sutil, tão maleável e tão penetrante, saber manusear o louvor e polir o amor-próprio.

GEORGE SAND

A melhor maneira de virar a cabeça de uma mulher é dizer-lhe que tem um belo perfil.

SACHA GUITRY, *ELAS E TU*

Algumas mulheres se acham tão lindas que, quando se olham no espelho, não se reconhecem.

MILLÔR FERNANDES

Velhice

O inferno das mulheres é a velhice.

LA ROCHEFOUCAULD, *REFLEXÕES*

As mulheres assemelham-se aos cata-ventos: só ficam quietas quando enferrujam.

VOLTAIRE

Chega uma idade em que os dois braços de uma poltrona atraem mais que os dois braços de uma mulher.

FLAUBERT

Veneno

Nancy Astor: Winston, se você fosse meu marido, eu poria veneno no seu chá.
Winston Churchill: Senhora, se eu fosse o seu marido, tomaria esse chá.

Ventre

O ventre das mulheres recepta sempre uma criança ou uma doença.

LOUIS-FERDINAND CÉLINE, *VOYAGE AU BOUT DE LA NUIT*

Véu

Pois bem: quero que saibais que a cabeça de todo homem é Cristo e a cabeça da mulher é o homem, e a cabeça de Cristo é Deus. Todo homem que reza ou profetiza de cabeça coberta desonra a sua cabeça. E toda mulher que reza ou profetiza de cabeça descoberta desonra a sua cabeça; é como se a raspasse. Se uma mulher não se cobre, que se raspe. E, se é indecoroso para uma mulher cortar o cabelo ou raspar-se, que se cubra. O homem não deve cobrir a cabeça, porque é imagem e glória de Deus; mas a mulher é glória do homem, pois o homem não procede da mulher, e sim a mulher do homem; nem o homem foi criado para a mulher, senão a mulher para o homem. Deve, pois, a mulher trazer o sinal da sujeição, em respeito aos anjos.

PRIMEIRA EPÍSTOLA AOS CORÍNTIOS

Mulheres jovens, usem seus véus ao andarem nas ruas, assim como na igreja, usem seus véus quando estiverem entre estranhos e usem-nos quando estiverem entre os seus irmãos.

TERTULIANO

E dize às crentes que baixem o olhar e preservem o pudor e não exibam sua beleza e adornos além do que aparece necessariamente. E que abaixem seu véu sobre os seios e não exibam seus adornos senão a seus maridos ou pais ou sogros ou filhos ou enteados ou irmãos ou sobrinhos ou damas de companhia ou servas ou criados despojados do apelo sexual ou às crianças que nada sabem da nudez da mulher.

ALCORÃO

Foi pelo fato de as mulheres daqui andarem cobertas pelo véu que a AIDS nuca entrou neste país.

AIATOLÁ KHOMEINI, EM MARÇO DE 1985

Vida

Sentir, amar, sofrer, devotar-se, será sempre o texto da vida das mulheres.

BALZAC, *EUGÊNIA GRANDET*

Não existe nada duradouro na vida para uma mulher exceto o que ela constrói no coração de um homem.

JUDITH ANDERSON

Vingança

Que necessidade há de se vingar de uma mulher? A natureza disso se encarrega, basta esperar.

AURÉLIEN SCHOLL

Violência

Só a violência poderia torná-las manipuláveis.

NATHANAEL WEST

Muita violência contra mulheres origina-se em território emocional já comandado por elas. À meia-idade e começo da velhice, quando os hormônios de ambos os sexos mudam, as mulheres detêm o controle total e despótico de seus casamentos.

CAMILLE PAGLIA, *VAMPS AND TRAMPS*

Mulher, cachaça e bolacha, em todo lugar se acha.

PROVÉRBIO GOIANO

A mulher gosta de uma pegada firme, de uma agressividade na abordagem e até de um tapa.

JOSÉ MAYER, *VEJA, 26/12/2001*

Vir-a-ser

Acho a mulher o mais incomparável vir-a-ser que tem neste mundo. A mulher é sempre um vir-a-ser até que encontre alguém que a faça ser.

MÁRIO DE ANDRADE, *A LIÇÃO DO AMIGO*

Virgindade

O sumo sacerdote tomará por mulher uma virgem. Viúva, ou repudiada, ou desonrada, ou prostituta, estas não tomará, mas virgem do seu povo tomará por mulher, e não profanará a sua descendência.

LEVÍTICO

Se um homem depois de ter desposado e conhecido uma mulher vier a odiá-la, e lhe imputar falsamente delitos e a difamar, dizendo: "Casei-me com esta mulher mas, ao conhecê-la, descobri que não era virgem", os pais da jovem colherão as provas da sua virgindade e as apresentarão no tribunal aos anciãos da cidade. O pai da jovem dirá: "Dei minha filha para esposa a este homem mas, porque começou a sentir-lhe aversão, a acusa agora de coisas desonrosas, dizendo: Não a encontrei virgem. Eis as provas da virgindade de minha filha". E desdobrarão a roupa diante dos anciãos da cidade. E os anciãos tomarão aquele homem e o farão castigar. Imporão a ele uma multa de cem siclos de prata, que entregarão ao pai da jovem, por haver aquele homem espalhado a difamação de uma virgem de Israel. Ele terá de tomá-la por esposa e não poderá repudiá-la enquanto viver. Mas, se a acusação for verdadeira, tendo-se verificado não ter sido virgem a jovem, ela será levada até à entrada da casa do pai e os homens da cidade a apedrejarão até à morte, por haver cometido uma infâmia em Israel, prostituindo-se na casa paterna. Assim extirparás o mal de teu meio.

DEUTERONÔMIO

Virgem e mártir, isso é um pleonasmo.

GEOFFREY SCOTT, *O RETRATO DE ZÉLIDE*

É também anulável o casamento, se houve por parte de um dos nubentes, ao consentir, erro essencial quanto à pessoa do outro. Considera-se erro essencial quanto à pessoa do outro cônjuge: [...] 4º) o defloramento da mulher ignorado pelo marido.

CÓDIGO CIVIL BRASILEIRO DE 1917, EM VIGOR EM ATÉ 2003

Viuvez

Só poderá ser eleita uma viúva de mais de sessenta anos, mulher de um só marido, recomendada pelas boas obras na criação dos filhos, na hospitalidade com os peregrinos, em lavar os pés dos santos, em socorrer os atribulados e na prática de toda boa obra. Rejeita as viúvas jovens, porque, quando a sensualidade as afasta de Cristo, procuram marido, incorrendo em censura por haverem faltado à primeira promessa. Ademais aprendem a ser ociosas, andando de casa em casa. E não só ociosas mas também mexeriqueiras e curiosas, falando o que não devem. Quero, pois, que as jovens se casem, criem filhos, governem sua casa e não deem ao inimigo pretexto algum de maledicência. Porque algumas já se extraviaram seguindo a Satanás. Se alguma mulher fiel tem viúvas em casa, procure dar-lhes assistência a fim de a Igreja não ficar sobrecarregada e assim poder assistir às viúvas de verdade.

PRIMEIRA EPÍSTOLA A TIMÓTEO

Na França, os homens que perderam as mulheres são tristes; as viúvas, ao contrário, alegres e felizes.

STENDHAL

Desposar uma viúva não seria considerado por nós como um casamento de ocasião, como compra de uma mercadoria um pouco desbotada?

GUY DE MAUPASSANT, *O GAULÊS*

A confortável perspectiva da viuvez é a única coisa que mantém uma esposa feliz.

JOHN GAY

Viúva, porém honesta.

TÍTULO DE UMA PEÇA DE NELSON RODRIGUES

Volante

Mulher ao volante, perigo constante

ADÁGIO POPULAR

Volubilidade

A mulher é sempre coisa variável e mutável.

VIRGÍLIO, *ENEIDA*

A mulher é coisa móvel por natureza.

PETRARCA, *CANCIONEIRO*

A mulher é móvel
Que nem pluma ao vento,
Muda de tom — e de pensamento.

F. M. PIAVE, *RIGOLETTO*

Ela flutua, ela hesita; numa palavra, ela é mulher.

RACINE, *ATÁLIA*

Por que perder seu tempo a querer contradizer sua esposa? É bem mais simples esperar que ela mude de opinião.

JEAN ANOUILH

Ah! Senhor, a mulher, por que a fizeste vária
E nela concentraste a onda móbil do Instinto?
Dela tenho uma pena extraordinária,
Imensa compaixão por ela sinto.
Ela vai, ela vem, qual doida procelária,
À mercê dos bulcões da vida tumultuária.

JOSÉ SEVERIANO DE REZENDE, *MISTÉRIOS*

Voto

Se uma mulher vivendo na casa do marido fizer um voto, ou por juramento se obrigar a alguma coisa, qualquer voto ou obrigação que tiver contraído serão válidos, caso o marido, ao saber, ficar calado e não a desaprovar. Mas, se ao tomar conhecimento, o marido os anular, ficará invalidado tudo o que verbalmente tiver prometido em seus votos e obrigações. Seu marido os anulou, e o Senhor lhe perdoará. Qualquer voto ou juramento que fizer, obrigando-se a jejuar, o marido poderá ratificar ou anular.

NÚMEROS

X

Xeique

Toda mulher adora a ideia de um xeique a raptar no seu cavalo branco e depois estuprá-la em sua tenda. É o instinto feminino.

OMAR SHARIF

Z

Zen

Alguns dizem que estudo não é coisa para mulher. Eu digo que [...] o controle da mente é da maior importância para as mulheres, e seria um grande erro afirmar que não é assunto delas. O comportamento externo e o humor das mulheres estão enraizados no poder negativo (*yin*), de modo que a mulher, por temperamento, tende a ser sensível, banal, estreita e invejosa. Confinamento resulta em visão limitada. Consequentemente, entre mulheres a compaixão e a honestidade são, de fato, raros. É por isso que o budismo ensina que mulheres são particularmente pecadoras e têm a maior dificuldade em atingir a santidade budística. Mulheres, portanto, têm especial necessidade de disciplina mental.

TOJU, MESTRE ZEN

Zeus

Ah! Zeus! Por que impões ao homem o flagelo de mau caráter chamado mulher e o mostras à luz do sol? Se desejavas propagar a raça dos mortais, não deverias ter dado às mulheres os meios para isso. Em troca de ouro ou ferro ou do pesado bronze depositado em teus altares, deverias ter concedido aos homens meios de comprar, segundo as suas oferendas, o direito de ter os próprios filhos e poder viver livres da raça feminina em suas casas. Eis a prova de que a mulher é um grande mal: o pai, que lhe deu vida e a criou, concede-lhe, para livrar-se desse mal, um dote e pode, assim, mandá-la um dia para outro lugar. Por sua vez, aquele que recebe em casa essa raça fatal, esmera-se em cobrir com adornos belos o ídolo indesejável, mas para ornamentá-la com lindos vestidos, aos poucos o infeliz vê os seus bens sumirem. Não há muitas alternativas; se ele teve a sorte de aliar-se a uma família boa, em atenção a seus parentes é forçado a conviver com uma mulher desagradável. Se, para conseguir uma boa mulher, o pretendente aceita seus sogros inúteis, para ter o seu bem ele suporta um mal. A sorte menos má é receber em casa alguma nulidade que, de tão obtusa, nem é notada. Detesto a mulher pensante e faço votos para que, em meu lar futuro, jamais haja mulher com mais inteligência que a meramente necessária ao próprio sexo! É antes nas inteligentes que Afrodite inocula a perversidade; as imbecis não chegam a ser perversas pelas limitações de sua inteligência. A mulher não deveria ter ao redor nenhuma criada, e sim viver no meio de mudos animais, assim não tendo a quem dizer nem de quem ouvir palavra. De fato, veem-se mulheres pervertidas tecendo na intimidade planos pérfidos que são levados para fora por criadas.

EURÍPIDES, *HIPÓLITO*

Que, em verdade, há dois meios de granjear a vontade das mulheres: o violento, como o touro de Europa, e o insinuativo, como o cisne de Leda e a chuva de ouro de Dânae, três inventos do padre Zeus.

MACHADO DE ASSIS, *MEMÓRIAS PÓSTUMAS DE BRÁS CUBAS*

Índice de autores